全面解读
哈佛大学智能教育经典

宋璐璐 编著

U0719897

嘿！
我是早教书

中国财富出版社

图书在版编目（CIP）数据

全面解读哈佛大学智能教育经典 / 宋璐璐编著.—北京：中国财富出版社，2017.6

（嘿！我是早教书）

ISBN 978-7-5047-6521-5

Ⅰ.①全… Ⅱ.①宋… Ⅲ.①儿童教育-家庭教育 Ⅳ.①G78

中国版本图书馆CIP数据核字（2017）第144542号

策划编辑 刘　晗	**责任编辑** 张冬梅　郑晓雯		
责任印制 梁　凡	**责任校对** 孙会香　卓闪闪	**责任发行** 董　倩	

出版发行	中国财富出版社
社　　址	北京市丰台区南四环西路188号5区20楼　　**邮政编码**　100070
电　　话	010-52227588转2028/2048（发行部）　　010-52227588转321（总编室）
	010-68589540（读者服务部）　　010-52227588转305（质检部）
网　　址	http://www.cfpress.com.cn
经　　销	新华书店
印　　刷	北京竹曦印务有限公司
书　　号	ISBN 978-7-5047-6521-5/G·0685
开　　本	710mm×1000mm　1/16　　　**版　　次**　2018年4月第1版
印　　张	15.75　　　　　　　　　　　　**印　　次**　2018年4月第1次印刷
字　　数	291千字　　　　　　　　　　　**定　　价**　39.80元

写在前面的话

　　可怜天下父母心，在培养孩子上父母都是不遗余力地使出浑身解数，目的只有一个，那就是让孩子成为有用之才。是的，孩子是父母最大的寄托。

　　在教育孩子上，方法有很多，但是哪一种方法更为有效呢？

　　研究证明，孩子接受教育越早越好，甚至早到孩子出生之前。于是，早教成了爸爸妈妈们必须温习和钻研的"功课"。

　　现在，早教已经被爸爸妈妈们所认可。许多父母都能如数家珍地说出蒙台梭利、斯宾塞、卡尔·威特等一大串儿权威的教育家的名字。

　　在这个领域，国外的早教经验比较丰富，开展得也较早，形成许多权威性的理论。但是在引进这些外国经验时出现了一些争议，有的认为必须全盘接受，有的认为西方的经验不适合中国国情，有的认为可以借鉴，不一而足。无论哪一种观点，都是出于对孩子的负责任，目的是让孩子能接受最适合的早期教育。

　　纵观当前许多流行的早教书，大多是国外名家的著述，鲜有详尽解读其精髓、按照本土的阅读习惯而精心编排的。由于国外著作理论性强，有些理论交叉在不同的章节中，大家在阅读学习时，显得既费时又费力，还很难懂。

　　正因为如此，我们才决定下大力气去研读国外的各种早教著述，找出更适合中国父母的早教方法。由于东西方文化的差异、历史成因的不同，在思想上和方法上也有着一定的不同。但是，总体上来说，基本规律还是相同的，那就是孩子身上所表现出来的特征差异不大。应该本着去粗取精、洋为中用的原则，根据是否适合本土的教育环境来取舍。这就是"嘿！我是早教书"系列图书出版的初衷。

我国家教作家吕巧玲、宋璐璐应邀担纲了本套丛书的编撰工作，她们以实际育儿经验和长期研读诸多家教典籍的心得，精心创作出"嘿！我是早教书"系列解读精髓本，呈献给广大读者。其特点是本土化、可读性强、突出重点，围绕孩子身上所出现的种种问题，进行详尽的解读、支招，理论和实践紧密结合，情节生动，说理性强。

本套丛书的最大特点是适合现代父母阅读，在孩子身上所出现的很多问题在这里都有解释。有精彩的案例，有详尽的理论解读，有具体的实施措施，通过这一环扣一环的解读，既点出了名家教育的精髓，又结合了本土实际情况进行逐一答疑，使您做父母更为轻松，在家里就能调教出一个聪明无比的小天才。

一书在手，尽享名家教育精髓。若广大读者在研读本套丛书的过程中能得到启发，将是我们最大的欣慰。

开卷一定有益！

梦想与标杆

当你知道自己即将成为爸爸或妈妈的时候，那个还没出生的小家伙就让你感到无比的欣喜和幸福，他（她）让你的人生变得完整而精彩，也是他（她）让你更加明确了生命的意义与责任。因为，孩子就是我们生命的延续。

所以，无数的家长为了孩子的未来绞尽脑汁——优越的物质条件、昂贵的双语幼儿园，甚至是价格不菲的辅导班、补习班、兴趣班……然而，这些是否能带给孩子他们最需要的东西？又是否真的能让孩子有所提升呢？

当你也为此感到疑惑的时候，翻开本书，或许你就有了答案。

作为一个家庭的希望，孩子的教育绝不能马虎，更不能盲目。培根说过："用伟人的事迹激励孩子，远胜一切教育。"如果能够为孩子树立一个标杆，寻找一个目标，那么孩子就会自然而然地往好的方面走下去。哈佛大学就是这样的一个标杆。

这所建立了三百多年的美国第一学府，是全世界学子神往的殿堂。每一个家长不禁去想，如果自己的孩子也能够考上哈佛大学，也能够像哈佛学子一样出众，该是一件多么令人欣慰的事。

然而现在，这一切都不再是梦想，而是触手可及的现实。

本书最大的特点就是将哈佛大学教育专家的精髓理念贯穿始终，呈现了时下最为领先、最为流行也最为科学的教子理念，让孩子从刚出生开始，就能够接受哈佛教育，学习哈佛理念。

  本书是蕴含着双向教育启示的家庭读本，是一本写给所有希望自己孩子能够成才、能够有所建树的父母看的书。无论是精彩的原创故事，还是名人的生动案例，都将带给你前所未有的感受。

  请记得，你的孩子也能上哈佛。

2018年1月于北京

第二章

哈佛家庭教育：充分发挥家庭的优势 / 043

　　家是孩子生命的摇篮，是出生之后接受教育的第一场所，所以家庭教育是孩子人生的第一课堂，而家长就是孩子的第一任教师，即启蒙之师。孩子品格的好坏，很大程度上取决于父母的教育。

第三章

哈佛兴趣教育：努力学不如喜欢学 / 109

人的智力是多方面的，只要我们不把眼光局限在狭窄的知识学习方面，就能发现孩子身上的智慧和潜能，这样就可以把孩子的积极性调动起来，让孩子快速成长。

兴趣是孩子最好的老师 / 110

第四章

哈佛能力教育：多元训练受益多 / 131

科学的思维和能力，是一个人能够成功的重要条件。哈佛大学在招收学生的时候，不仅要考查学生的学习能力，更要了解这个学生是否对周围充满好奇，是否关心其他领域等。因此，父母要科学地培养孩子的各种能力。

全面解读哈佛大学智能教育经典

全面解读哈佛大学智能教育经典

第一章

哈佛潜能教育：
让孩子都有成为天才的可能

爱因斯坦是人类所公认的最聪明的人之一，他是著名的思想家、哲学家、科学家，是1921年诺贝尔物理学奖获得者，是现代物理学的开创者、奠基人，也是相对论的创立者。其实，我们每个人都有可能像爱因斯坦一样成为天才，孩子自然也是如此。

你的孩子也可以考上哈佛

> 天才无法避免困难，就是因为有了困难，才会创造出天才。
>
> ——[法]罗曼·罗兰

阅读时间：<u>30</u>分钟　　受益指数：★★★★★

哈佛天才是这样炼成的

每个孩子的智力都是多元化的，每个孩子身上也都有不同的潜质。童年时期正是开发孩子潜质的关键时期，每一位父母都要对自己的孩子有信心，对自己的教育有信心，理性对待孩子先天的差异和后天教育中所遇到的困难，这样，每个宝宝都有成为哈佛天才的可能。

故事的天空

卡尔·威特在婴儿时期就显得十分愚钝，快2岁了还不会说话，除了爸爸妈妈谁也不认识。虽然亲戚和邻居们表面上没说什么，但是背地里大家都将卡尔当成一个小傻子，并且认为卡尔的一辈子就这么完了。

但卡尔的爸爸并没有放弃卡尔，他根据自己的计划来教导小卡尔，每天教他识字、画画，周末还要带他去公园看各种各样的植物。刚开始，邻居对于卡尔爸爸的做法并不看好，甚至就连他的妻子也不赞成："卡尔这个小家伙成不了大器，不管怎么教下去，都只是在浪费时间而已。"可是，就是这样一个孩子，竟然成长为了一个不可思议的天才。

卡尔8岁的时候，就已经掌握了英语、法语、德语、拉丁语、意大利语和希腊语6种语言，并且对于植物学、物理学、动物学、化学很是擅长，尤其是数学。卡尔9岁的时候，就已经自学完全部的大学课程。

1814年4月，卡尔不到14岁，他所发表的数学论文就在数学界引起了很大的轰动。两年后卡尔外出留学，期间他对诗人但丁产生了很大的兴趣。他发现，世界上对于但丁存在着很多不公平的误解。1823年，卡尔通过长时间的深入研究，发表了《但丁的误解》，里面列出了世人对但丁的很多误解，这为后世但丁的研究工作开辟了一条新的、正确的道路。

卡尔留学期间学习的是法学，不过他同时也没有忽略其他学科的研究，后来他又在哈佛大学进修研究生。卡尔18岁的时候，获得了哈佛大学的哲学博士学位。

卡尔的爸爸通过自己的教育方法将智障的孩子培育成为一个哈佛博士，这印证了一句话：每个人都能够成才。

其实，只要运用恰当的教育方式和手段，让孩子成才并非难事。

宋姐爱心课堂

卡尔的成功让人觉得不可思议，他原本只是人们眼中的一个痴呆儿，最后却摇身一变成了天才。

很多人把天才看成可望而不可即的，能够成为天才的人肯定是少之又少，可是，看了卡尔的故事后，你还会这么想吗？

其实，根据生理学、心理学、生物学以及精神病理学等学科的研究表明，人生来就拥有一种特殊的能力。这种能力是潜藏在人类体内的，不容易被察觉。没错，这种能力被称为"潜能"，也就是潜在的能力，一旦潜能被开发，普通人也能成为天才。由此可见，天才并不是极少数人的专属称号，只要母亲能够将孩子的潜能充分激发出来，那么就能够帮助孩子铸就不平凡的人生。正所谓"天赋差异有限，生命潜能无限"。

实际上，只要你认真观察

过孩子就会发现，新事物很容易引起孩子的兴趣和热情。他们一旦沉迷于某件事情，就会用惊人的爆发力和毅力去完成这件事。只要他们进入了这一轨道，就会遵照雷马克所说的"使用就会发达"的规律，让他的能力尽可能地展现出来。

看！天才就是这样诞生的！哪怕你的宝宝出生的时候不出众，只要经过后天的不断努力，也能够成为像卡尔那样的天才。

哈佛支招DIY[①]

每一对父母都期望把宝宝培养成天才，而这是需要父母良好的教育方式作支撑的。那么到底该怎样教育，才能够培养出天才宝宝呢？哈佛教育专家给出以下几点建议：

●不要和别人比，和自己比就好了

现实社会中，很多家长会拿着别人的孩子和自己的孩子作比较："你看人家那样做，就变得比原来更好了，你应该向他学习。"这样的态度只会打击孩子的热情，并不能起到实质性的作用。家长应该认清孩子是一个独立的个体，有着与生俱来的潜力，不要和人攀比，这样只会让孩子没有了目标和方向。只要孩子在成长中有所进步，就会越来越好。

●给孩子锻炼的机会

很多家长不知道怎样疼爱孩子。家长万事包办，但是却总抱怨自己的孩子这也不会干、那也不会做，这会让孩子更加无所适从。要知道，就算是天才也需要后天不断进步，所以首先家长应该相信自己的孩子，相信他能做好，给他自己动手的机会，并且将这种信任传达给孩子，让他明白经过努力是可以成功的。

●让孩子有充足的睡眠

睡眠充足对于大脑的开发有很重要的作用，刚出生的宝宝一天要睡14～15个小时，除了吃奶之外，几乎所有的时间都在睡觉。不过，随着孩子慢慢长大，睡眠时间会逐渐减少，但一天最少也要保证8个小时。如果孩子睡眠不足，不仅会影响孩子的身体发育，而且还会对智力的发展产生负面影响。所以，父母一定要保证自己的孩子有充足的睡眠。

●客观认识自己的孩子

要让父母不带任何感情色彩地来审视自己的孩子确实很困难，但是客观的认识对于孩子的成长有着很重要的作用。只有对孩子进行客观评估，家长才能够确定正确的教育方式。所以，父母应该全面认识孩子的优点与弱点，给予孩子一个

①DIY是英文Do It Yourself 的缩写，直译为"己为之"，扩展开的意思是自己动手做。

客观的评估，然后不断更正自己的教育目标和方向。只有这样，父母才能够更好地掌握孩子的真实状况，更好地让教育目标贴近现实。

哈佛小语

　　哈佛教育专家认为，没有人生来就是天才，也没有人生来就注定碌碌无为。其实，这一切都要取决于后天的努力和环境，取决于父母的教导和培养。只要教育得法，普通孩子也会成为天才。

爸妈私房话

好奇是孩子们的天性，也是他们敢于探索新知、敢于创新的动力。

——佚名

🕐 阅读时间：<u>25</u>分钟　🎓 受益指数：★★★★★

不要扼杀孩子的好奇心

　　哈佛教育专家认为，每个孩子都是带着好奇心来到这个世界上的。孩子的好奇心是闪耀着智慧的曙光，是用心学习各种智慧的基础，是培养聪明头脑的前提。千万不要小看了孩子的那些奇怪的想法，这中间往往蕴藏着不可预测的潜能。只有保护孩子的好奇心，并鼓励孩子去思考，才能更好地挖掘孩子的潜能，让孩子迅速成长为有知识、有能力的人才。

😊 故事的天空

　　卡瑟琳有一个活泼可爱的儿子，今年5岁了。有一回，卡瑟琳要去加班，就把儿子反锁在家里，并且告诉他不要乱动家里的电器、危险物等。卡瑟琳晚上回来后，看到儿子安然无恙，提着的心也就放下来了，于是便想着去换身衣服，洗个热水澡。

　　谁知，儿子上来就抱住卡瑟琳的腿，不让她进卧室。卡瑟琳心知肯定发生了什么事情，或者儿子又做错了什么事儿。于是便问道："宝贝，你是不是又犯什么错误了？"儿子只是不停地摆弄手指，眼睛瞅着地面。卡瑟琳见这一情况，又说道："宝贝，实话告诉妈妈，妈妈绝对不会说你，好不好？"

　　得到了妈妈的承诺，儿子抬起头，战战兢兢地说道："妈妈，对不起，我把你的床单剪烂了。"卡瑟琳听了之后，便向卧室走去，只见新床单已经破了一个大洞，皱皱巴巴地铺在床上。卡瑟琳并没有发火，而是继续耐心地询问道："那宝贝可以告诉妈妈，为什么要剪坏床单呢？"

　　儿子说道："其实，我昨天看小姨拿着剪刀剪了一张花纸，所以我就想看看剪刀还能够剪什么东西。我剪了冰箱，也剪了我们的餐具，可是都剪不动，后来我跑进妈妈的卧室，这才剪了床单。"

卡瑟琳听了之后，顿时明白了，原来这是儿子的好奇心在作祟，于是她又对儿子说："宝贝，剪刀确实有很多用处，不过如果使用不当，也就会带来不好的结果，剪坏东西事小，它还很容易伤到人。所以宝贝，你现在还小，等你再大一些，妈妈就送给你一把小剪刀，让你跟着小姨学着剪纸好不好？"

儿子一听，高兴极了，连蹦带跳地说道："嗯，妈妈，我答应你，在我长大之前，绝不会再碰剪刀了。不过，你要记得让小姨教我剪纸哦。"卡瑟琳回答道："那是当然。"

🙂 宋姐爱心课堂

好奇心人皆有之，表现在孩子的身上尤为突出。面对五彩缤纷的世界，孩子具有强烈的好奇心，许多在成人眼中毫无作用的物品，都可以成为让孩子们流连忘返、百看不厌的"研究"对象。就像故事中卡瑟琳的儿子一样，因为好奇剪刀的用处，而把妈妈的床单剪了一个大洞。不过卡瑟琳并没有因此而斥责他，而是用平和的语气告诉儿子剪刀的危险，并且承诺儿子大一点后，让小姨教他剪纸，从而保护了儿子的好奇心。

孩子的好奇心可以激发学习的欲望与热情。著名教育家陈鹤琴曾经说过："好奇动作是小孩子学习知识的一个最紧要的门径。"强烈的好奇心促使孩子对学习产生浓厚的兴趣。只有孩子对学习有了兴趣，才能在学习中体会到快乐，才会喜欢上学习，并且主动地去学习。

好奇心是孩子主动观察、反复思考问题的强大动力，是推动孩子积极主动地观察世界、开展创造性思维的内部动力，是创造力成功的起点。每一对父母都应该以卡瑟琳为榜样，保护孩子的好奇心并因势利导，让孩子学会从更高层次思考问题。

哈佛教育专家提醒父母，要懂得保护孩子的好奇心。当孩子对好奇的事物提出问题的时候，我们应该怎么做呢？

● 父母要保持童心

父母应该保持着一颗童心，和孩子一起玩耍、一起游戏、一起体验大自然的奥妙。例如，从孩子还不会讲话开始，每到休息日，全家就一起去公园或者郊外，让孩子闻闻花香，看小蚂蚁、小蜜蜂等。虽然他还不明白是什么，但从他睁得大大的眼睛来看，就知道孩子是多么想要了解新事物。

等孩子再长大一些，他就会提出各种问题，问很多为什么。这个时候，父母应该鼓励他多思考，耐心地给他讲其中的奥秘，拓展他的知识面。虽然有时候孩子会提出一些很幼稚、很可笑的问题，但父母也不应该加以阻止或斥责，而应耐心地进行引导。

● 多种渠道开拓孩子的眼界

父母应该帮助孩子多了解生物、天文等自然科学知识，以及其他各方面的知识，这对于求知欲非常强的孩子来说，是大有益处的。所以，父母应该坚持努力开启孩子的智慧之门，激发孩子的求知欲。在孩子看电视时，鼓励孩子收看央视的《探索》、《动物世界》等节目，以便更好地扩大他的眼界，学到更多的知识。

● 指点孩子寻找问题的答案

父母可以从孩子的反应知道自己的回答是不是合适。当孩子提出问题，而父母的答案太过笼统或者敷衍的时候，孩子可能会失去再次提问题的兴趣。反之，倘若父母的回答生动而且活泼，孩子将会非常高兴地倾听。孩子非常着急地想要学习与了解他们所不知道的事情，因此，作为父母，理所应当要尽量满足并鼓励孩子的好奇心。

哈佛小语 ♡

哈佛教育专家认为，父母应该对孩子的好奇心给予理解与保护。当孩子提出问题的时候，父母应该耐心地给予回答。

让你的孩子能力无限大

> 光是有出色的智力是远远不够的，最主要的是如何最大限度地运用智力、发展智力。
>
> ——[法] 勒内·笛卡尔

● 阅读时间：25分钟　　■ 受益指数：★★★★

让孩子变聪明很容易

父母在培养孩子智力的时候，应该根据每一个阶段孩子大脑发育的特点进行教育，遵循大脑发展的规律，为孩子提供智力发展发挥的有利条件。父母应该抛弃以往灌输式的教育观念，从孩子的角度出发，根据孩子的智力特点对其进行教育。

故事的天空

梅露今年5岁了，非常聪明懂事，做事情也很有主见，与同龄的小朋友相比，她就像一个无所不知的小大人。小朋友们都非常喜欢她，一旦有什么疑问，就会去请教她。她往往也会耐心地为朋友讲解，让他们满意而归。

这让很多家长都羡慕的同时又感到很不解：人家的孩子是怎么培养的？明明是一样大小的孩子，我们家的孩子怎么没有人家的孩子聪明呢？这到底是怎么回事呢？为了弄清楚其中的奥秘，以便让自家的孩子也变得更加聪明，很多家长都纷纷跑到梅露家中去取经。

原来，从梅露2岁左右开始，她的父母便经常陪着梅露一起玩一些有利于提高智力的游戏。到了梅露可以自己动手的时候，梅露的父母就为她买了很多的积木。而且在玩积木的时候，梅露碰到没有办法解决的难题时，父母也不会直接告诉她答案，而是试着引导梅露往正确的思路上想。

久而久之，梅露就养成了自己思考问题的习惯。在与父母交谈的过程中，遇到不懂的问题，梅露也有自己独特的想法。不管最后的答案是什么，梅露的父母都会让她将心中的想法说出来，然后与她一起分析对错。如果她的想法是正确的，父母就会给她一个"优秀奖"；即使她的想法是错误的，父母也会给她一个"鼓励奖"。到现在，梅露在和幼儿园的朋友们做游戏的时候，老师经常夸赞梅露是一个有想法、有主见的聪明孩子。

宋姐爱心课堂

智力教育主要有发展智力、掌握知识技能两方面的内容。父母一味地给孩子灌输知识，让孩子机械地背书，这样只会抑制孩子智力的发展。我们应该像故事中梅露的父母那样，用一些有意思的小游戏，去培养孩子的思考能力，进而提升孩子的智力。

培养孩子智力发展，就要求父母要正确处理智力与知识的关系，在提升知识水平的过程中发展孩子的智力。梅露的父母就是从这点出发，引导孩子去思考问题、发现问题。而如若离开了这个过程，那么智力就会像无源之水、无本之木。

智力体现了一个孩子聪明伶俐的程度。把智力说得更通俗一点儿，就是说孩子对事物的一些认识能力。一般人的智力活动是由想象力、观察力、思维力、记忆力等因素构成。在幼年与上小学之前的这个时期，孩子的智力水平大概在60%～70%，而其余的30%～40%的智力发展，是在孩子小学、中学阶段。因此，在孩子成长中，早期教育是非常重要的，家长要重视早期教育。

哈佛支招DIY

怎样为孩子提供智力发展的条件，是每个父母都十分关心的问题。我们究竟该怎么做呢？哈佛教育专家建议我们从以下几个方面入手。

●让孩子多听、多看、多想、多做

孩子小时候，家长为孩子提供大量的阅读材料和实践机会，让孩子自己多听、多看、多想、多做，支持孩子参加课外活动，通过不断地实践和观察，丰富自身的知识。

玩是孩子的天性。所以，作为父母应该鼓励孩子多做运动，多和小朋友玩游戏。这样，孩子不仅能够学到知识，还能从小伙伴身上学到许多优点。

●用玩具启迪智力

每个孩子都喜欢各种各样的玩具。玩具能够开发孩子的思维能力，丰富孩子的想象力，提高孩子的创造力、判断力和表现力，让孩子能够自主分析问题、判断问题。不仅如此，玩具还能够提升孩子各种感官的发展，拓展孩子的知识面，提高孩子的智力水平。父母应该为孩子选择一些有利于智力开发的玩具，比如积木、望远镜、拼图等。

●让孩子自己思考问题

不管碰到什么问题，父母都不要大包大揽，应该给孩子自己思考的权力，让孩子养成并拥有独立思考问题、解决问题的好习惯和能力。如果孩子无法想出解决办法的时候，父母千万不要对孩子进行严厉的批评甚至责骂，而是应该从一旁加以指导，比如，帮助孩子寻找新的突破口，引导孩子从另一个方面思考问题。哪怕孩子有一丁点儿的进步，父母都应该给予表扬。

哈佛小语 ♡

　　哈佛教育专家认为，知识不等于智力，拥有知识的人不一定是智力卓越的人。要发展孩子的智力和让孩子学习知识是完全不同的两件事，因为在学习知识的过程中，智力可以得到发展，而一个人的智力不仅仅是在学习知识的过程中来发展，还要从人的各种活动中来发展。比如人与人交往的过程、劳动的过程、娱乐游戏的过程等都可以促进智力的发展。在开发孩子智力的过程中，万万不可揠苗助长，要顺应孩子发展的规律。

每个儿童都应该有一个好的人生开端；每个儿童都应该接受良好的教育；每个儿童都应该充分发掘自身潜能，成长为一名有益于社会的人。

——[加纳] 科菲·阿塔·安南

⏱ 阅读时间：<u>25</u>分钟　🎓 受益指数：★★★★★

发掘孩子潜能，因材施教助成长

每个人从一出生就有着潜能，父母要让孩子的这种潜能充分发挥出来，给孩子一个美好的人生。如果家长没有好好地挖掘孩子的潜能，孩子可能就会渐渐地变得普通。

📖 故事的天空

有一个叫杰瑞的小男孩，他的脑子里有着别人不明白的各种稀奇古怪的想法，他的世界被小狗、小鱼、风筝、色彩所包围，他有时甚至为了观察昆虫而逃学去公园。

不过大人们对这些并不感兴趣，他们在乎的只是孩子的学习成绩。可是在杰瑞眼里，课本上的字母都像跟他捉迷藏似的，怎么学都学不会，成绩也很少达到及格线，而且他经常因为奇思妙想而闯祸。父母无奈之下，把他送到了一个十分偏僻的寄宿学校去。

父母乘车离开学校那天，杰瑞看着渐渐远去的汽车，感觉自己像是一个被抛弃的孩子。从此，他在学校里变得更加孤僻，不和任何小朋友玩耍，完全沉浸在自己的世界里，渐渐成为了老师与同学眼中的"怪孩子"。

直到有一天，学校里来了一个同样"奇怪"的美术老师，他教学的方式很奇特，带着小朋友到各处去寻找题材，在美术课上唱歌跳舞。除了杰瑞，孩子们都非常喜欢这个新老师。

很快美术老师就发现了杰瑞的不同，他开始寻找杰瑞不开心的原因，发现杰瑞是一个学习障碍儿童。为了帮助杰瑞，老师给杰瑞讲了很多成功人士的故事，让杰瑞认识到自己并不是比别人笨，而是一个天才儿童。在老师的悉心教导和鼓励下，最后杰瑞获得了学校绘画比赛的第一名。

宋姐爱心课堂

开发孩子的潜能，最重要的就是抓住孩子受教育的最佳时期，对孩子进行正确的教育。世界上没有不好的孩子，只有不会教育的家长。杰瑞原本是一个有着丰富想象力和绘画才能的孩子，可是正因为杰瑞的父母对其实施了错误的教育方法，差点埋没了一个天才小画家。要是都按照杰瑞父母的教育方法，即便天分再高的孩子，潜能也会被扼杀，就更不要说天赋不好的孩子了。

在大多情况下，及时、适当的教育总能让孩子的潜能得到最大程度的开发。如果孩子的潜能被开发，孩子就可能会走上天才之路。故事中的老师便是一个合格的教育者，他明白如何教育孩子，如何顺应孩子的天性，挖掘孩子的潜力。

可是，在现实生活中，真正的天才少年并没有多少，而这主要的原因就是禀赋高的孩子没有得到正确的教育。简单来说，天才的命运，从一定程度上掌握在父母的手上，进行适合开发孩子潜能的教育，是父母的职责所在。

孩子所处的环境、所接受的教育可能会决定他的一生。婴儿刚来到这个世界上，就如同一张白纸，他们无法辨识任何事物，也不能进行分析和判断。不过，一两个月之后，孩子就会开始认识这个陌生的世界，经过他们的反复观察，通过反复的记忆来保存所获得的信息，因此他们能够认得父母，会辨认陌生的面孔。这就是很多孩子不让陌生人抱的原因。从这个时期开始就可以对孩子进行教育。

哈佛教育专家发现，孩子的潜能，并不是家长花巨资给孩子报各种各样的辅导班、带着孩子去参加各种各样的比赛所能够开发出来的。开发孩子潜能的最终目的是要清楚孩子最擅长什么，如果孩子知道自己的兴趣，就能意识到自己的能力，那么在未来实现梦想的过程中，就算遇到再多的困难和挑战，都会保持自信心和进取心。

● 让孩子接触不同的事物

一两个月的宝宝还没有理解能力，家长要让孩子接触不同的事物，告诉孩子这是什么，这叫什么，要用清晰的、标准的、温柔的语气进行反复讲解。也可以让孩子触摸不同的事物，因为他们可以通过直觉，在一瞬间掌握整体的模式识别能力，不需要像大人一样进行分析判断，他们可以不经过理解就能吸收所获取的信息，并储存这些记忆，时间一长他们自然就能认识这些物品。

● 让孩子多接触音乐、文学、体育等领域

多让孩子接触音乐、文学等可以让孩子产生一定的兴趣，这样孩子的特长也就会逐渐显现出来。比如孩子如果不善言谈，可以让孩子每天叙述一件当天发生的趣事，由妈妈记录下来；或者在家人过生日的时候，鼓励孩子表演一个节目，这样可以开发孩子的语言表达能力。

● 为孩子潜能发展创造条件

发现孩子的潜能之后，家长要创造条件，让孩子继续发展这些特长。有特长的孩子就有更多的机会获得成就感，不管是音乐还是滑冰，不管是画画还是写作，当孩子通过自己的努力取得了进步，或者获得了奖项，他就有机会认识自己的能力，产生自信，向更强的方向发展。

哈佛小语 ♥

哈佛教育专家认为，一个人的品质如何，很大程度上取决于幼年时期所受的教育。开发孩子潜能的秘密就在于及时、正确地对孩子进行教育。虽然这个过程艰苦而漫长，但如果家长能全心努力，一定能收到不一样的效果。

教育孩子如育芭，精心浇水、施肥、呵护，方能成功。但事实上并不是所有人都能养好花，不懂得就要向别人请教，学习养花的经验与艺术。

—— 舒天丹

● 阅读时间：30分钟　　🎓 受益指数：★★★★★

发现孩子强项，让强项成为特长

　　每个正常的孩子在一定程度上都具有多项技能，不同的只是技能的拥有程度和组合的不同。20世纪80年代，美国当代发展心理专家霍华德·加德纳提出了著名的多元智能理论。霍华德·加德纳认为：人的智能不仅仅是指人类通常所认识的数理逻辑智能和语言智能，还包括音乐智能、身体运动智能、人际关系智能、空间智能以及自我认识智能等7种以上的智能，所有的智能都同样重要。

故事的天空

　　有一天，一位父亲带着自认为无可救药的孩子去看心理医生。这个孩子已经严重被父母灌输了自己没有用的观念。

　　刚开始，他一直沉默着，不管医生怎么询问、启发，他都不发一语。一时间心理医生也无从着手。后来心理医生从他父亲的话里，找到了线索。

　　他的父亲一直反复对医生说："这个孩子一点儿优点也没有，我看他是没有指望，无可救药了！"

　　听了他父亲的话后，心理医生开始寻找孩子的长处，因为在他看来每个孩子都有自己的长处。最后，他发现这个孩子十分喜欢雕刻，很有这方面的天赋，具有成为高手的潜质。

　　他家的家具都被他刻坏了，到处都是刀痕，因此他也常常受罚。

　　心理医生买了一套雕刻工具送给了他，并送给他一块上等的木料，教他正确的雕刻方法，不断地鼓励他："孩子，你是我认识的人中，雕刻最棒的一个。"

从此以后，这个孩子慢慢开朗起来，后来竟然成为了一位能言善辩的律师。

宋姐爱心课堂

其实，在现实生活中，有很多父母都像上述那位父亲一样，很是轻视自己的孩子，他们对孩子的破坏性行为不问原因，就只会责备，结果让孩子有了自闭倾向。父母要善于从孩子的破坏行为中发现孩子的强项，引导孩子正确地发展自己的强项。

作为父母，如果发现自己的孩子有些特殊时，不要先给他贴上特定的标签，而是要善于观察孩子的举动，去发现他每天做什么事情花费的时间最多，去发现他的优点。要从正面角度来看待这些特殊的孩子，他们可能会拥有常人都不具备的能力。就好比故事中的小男孩，父亲认为他已经无可救药了，而医生却从他喜欢雕塑这个方面出发，并对其加以引导，而使得男孩最终成为一位律师。

罗丹说过："世上缺乏的不是美，而是发现美的眼睛。"人们在看同一件事的时候，带着欣赏的眼光，会有不一样的收获。教育孩子也是一样。

父母要善于发现孩子的强项，要从多方面发现孩子的强项。父母可以从智力的八个层面来发现孩子的优点，这八个方面就是体能、数学、语言、音乐天分、方向空间、社交、感性以及灵性。学校只能给孩子提供智力学习，也就是数学和语言方面的学习，其他的要靠孩子自己去学习。因此父母要善于发现孩子的其他长处。

同时，父母的态度将决定孩子的强项是否会发展为一生的特长。有一些孩子虽然已经有了自己的强项却没有得到很好的发展，这主要是因为父母没有给孩子提供发展的条件。

　　家长在发现孩子的长处之后，要加以引导，经常鼓励孩子，让孩子在长处上获得自信，这样他们才有继续发展的动力。

哈佛支招DIY

　　孩子的特长会通过一些日常行为表现出来，家长要注意发现孩子的特长。下面是哈佛教育专家给出的几种孩子特长的表现。

●语言天赋

　　孩子在平时能够出色地记忆诗歌和电视播放的乐曲，同时孩子还喜欢自己动手，经常一学就会，还喜欢给别人讲故事，而且还讲得生情并茂。这说明孩子有很好的语言天赋。

●音乐天赋

　　孩子喜欢伴着乐器唱歌，而且在平时可以很轻松地记住各种乐曲，喜欢倾听各种乐器发出的声响，并判断出到底是什么乐器发出的声响，有时还能描述出所听到的各种声响。这说明你的孩子是个音乐天才。

●数学逻辑方面的天赋

　　喜欢追着家长问各种稀奇古怪的问题，喜欢把自己的玩具按照大小或者颜色进行分类摆放在一起。这说明你的孩子具有很好的数学逻辑。

●空间想象能力丰富

　　孩子在辨认方向上面很擅长，很少会迷路。在乘车的时候，能够清楚地记住所经过的站名以及路标，并提醒你什么时候曾经来过这个地方。喜欢到处乱画，不过把所画的物体描绘得很逼真。这说明你的孩子具有很丰富的空间想象能力。

哈佛小语 ♡

　　哈佛教育专家认为，每个孩子都有自己的强项。父母要善于发现孩子的强项，更要用欣赏、宽容的心态正确看待孩子的强项，让孩子的强项成为他一生的特长。

解开束缚，让孩子自由成长

> 每个人都有其隐藏的精华，和其他人的精华都不一样，它让人拥有了独属于自己的气味和个性。
>
> ——[法]罗曼·罗兰

阅读时间：25分钟　　**受益指数：★★★★★**

保护孩子的主见和个性

哈佛教育专家都秉承这样的理念：在家庭教育中，家长不必羡慕别人家小孩子的才能和成绩，也不用感叹自己孩子的平庸和调皮，每个孩子都有独特的个性魅力，而家长所要做的就是认识、挖掘孩子的这种魅力，并且按照孩子的个性，让他自由发展。

故事的天空

爱丽丝从上幼儿园开始，所有的事情都由父母一手包办的，而她自己也是乐得自在，不参与任何事情。可是渐渐地，爱丽丝的父母发现了一个很严重的问题。

在幼儿园这个大集体中，老师说什么她就跟着做什么，小伙伴做什么她也就跟着做什么，没有自己的一点儿主见。没上幼儿园之前，这种行为在父母眼中可是一个乖宝宝，可是上了幼儿园之后，才发现爱丽丝的这些"乖巧"，对爱丽丝的发展并没有什么好处。

为了帮助爱丽丝改掉这一"毛病"，爱丽丝的父母也开始下大功夫。例如，在带着爱丽丝购买衣服的时候，父母会让爱丽丝自己挑选喜欢的款式和花色；购买书包的时候，也是让爱丽丝自己去决定。刚开始的时候，爱丽丝还是

拿不定主意，总会问身旁的父母哪一个比较好。而她的妈妈则总是回答说："这是你自己的事情，应该自己选择才对，难道你没有一点儿自己的看法吗？"

有时候，爱丽丝在写作业时，明明已经做对的题目，她还是会拿着题目询问母亲自己做得对不对，而她妈妈便说："对就是对，错就是错，爱丽丝要学会相信自己的眼睛才是。"就这样，在爱丽丝父母的精心教导下，爱丽丝慢慢地有了自己的看法和主见。现在，每当爱丽丝的父母征求她的意见时，爱丽丝都会说："这件事情在我看来……我认为……，"而不是说"妈妈，我听你的"。

宋姐爱心课堂

故事中，爱丽丝的父母可谓是一对明智的父母，当发现爱丽丝没有主见的时候，他们从旁进行引导，并且鼓励爱丽丝去表达自己的意见，维持自己的个性，让爱丽丝成了一名有主见的小大人。

在现实生活中，孩子偶尔闯下祸端，大多数的家长都能够宽容以待，并且对他们加以引导。可是，如果孩子经常因为淘气而惹来大大小小的麻烦，那么家长就失去了原本的耐心，并且对孩子"严加管教"，希望能够通过这种方式，让孩子变得听话一些。如果这种方法都没有用的话，从此，家长就会带着"有色眼镜"去审视孩子的一举一动。

为什么家长会这么做呢？追根究底，主要包括两方面的原因。第一，社会上的主流观念影响了父母的思想，例如，旁边的人都在夸奖其他孩子的聪明听话，轮到自己的孩子时，得到的却是一片唏嘘声，这让家长很没有面子。久而久之，家长对孩子也产生了怀疑，不再去考虑什么主见与个性了。第二，父母都整天忙着工作，没有足够的耐心与时间去教导孩子，所以，他们往往会选择简单粗暴的方式，让孩子变得"乖"一些。

实际上，每个孩子都有自己的潜能和优势，因为教育的单一性和片面性，才让很多原本可以成为"爱迪生"的孩子变得平庸。所以，要想培养出思维活跃、个性鲜明的人才，就应该解放孩子的天性，让孩子能够自由表达自己的意见和想法，对孩子要多一点信任、理解、耐心和宽容。

哈佛支招DIY

孩子的淘气其实都是好奇心、创造力和求知欲的表现，是自主思考的起点。家长应该为孩子创造表达感受、积极探索的机会和环境，去相信他们的天赋和潜能，而不是去干扰孩子的思路，或者是将孩子心中的想法强行压制下去。只有这样，孩子才会自然地发展，成为一个有思想、有主见、有个性的行动者。

● 不要用成人的思维去理解孩子

通常，孩子反常或者是不合理的行为都会有一个合理的理由。如果家长对于孩子的言行表现出瞧不起、否定的态度，就会严重打击孩子的自信心和积极性，致使孩子失去独立思考的机会，进而去迎合大人的规则。这对于孩子思维和品性的发展是非常不利的。所以，当孩子的行为反常时，千万不要用成人的思维方式去理解孩子的行为，应该耐心询问孩子这么做的原因，让孩子自己表达出真实的内心想法。家长只需要付出一点耐心，就能够让孩子感受到尊重和肯定，从而昂首挺胸地前进。

● 因材施教，正确开发孩子的潜能

每个孩子的体内都暗含着很大的潜力，但是这种潜力的性质并不相同，所以针对不同的孩子，开发潜力的方式和渠道也不相同。如果没有与孩子潜力相匹配的教育资源，那么就不能将孩子的潜力开发出来，甚至还会埋没了孩子的个性与主见，让孩子的心灵变得平庸。

● 不以自己的喜好作为评论标准

20世纪20年代，美国著名的心理学家爱德华·桑戴克提出了"晕轮效应"，在这个理论的启示下，教育界的各个学者开始针对淘气学生的教育进行了深入的探讨。"晕轮效应"指出，人们总会根据主观的好坏来判定事物的品质。也就是说，如果你认为这个人是好人，那么在他身上的品质就都是好的；如果你认为这个人是坏人，那么在他身上的品质也就都是坏的。所以，家长应该正确对待孩子

的差异性和多样性，要抱着宽容的态度去看待每件事情，尽最大的努力去理解孩子，让孩子有一个健康的成长环境。

哈佛小语 ♥

哈佛教育专家认为，个性和主见是孩子身上最大的闪光点，不要用成人的想法去看待孩子，也不要用别人的长处来对比孩子的短处。作为家长，应该善于发现这种闪光点，并且给予适时的肯定和引导。

爸 妈 私 房 话

自发活动是幼儿的本能，这将有助于幼儿潜力的开发和发展。

——[德] 福禄贝尔

⏱ 阅读时间：25分钟　　🎓 受益指数：★★★★

让孩子自发活动

在家长的眼里孩子都是十分弱小的。其实不然，孩子的身体中蕴藏着强大的精神能量与潜能，在他们成长的过程中，家长不要随意去干预，或者刻意去阻止孩子的自发活动，而是只需要为孩子提供发展潜能的环境与条件就可以了。

故事的天空

艾利是幼儿园大班的学生，这天晚上放学之后，她显得特别高兴。在回家的路上，她一边蹦蹦跳跳地往前走，一边唱着欢快的儿歌。

回到家之后，艾利笑着与爸爸妈妈打过招呼之后，继续唱她的儿歌，一边唱着，一边还手舞足蹈的。

爸爸妈妈见到她这样之后非常好奇，发生什么事情，让自己的宝贝女儿高兴成这样。

于是，妈妈开口问道："今天有什么高兴事儿啊？"

艾利高兴地扑在妈妈的怀里说："妈妈，今天我们老师让我们自由活动了两个小时，我和小伙伴一起玩了办家家的游戏呢。"

艾利妈妈问道："哦？那宝贝你扮演的是什么角色啊！"

"妈妈，我的愿望就是做一名警察，所以

我也就扮演了警察，抓住了扮演小偷的艾斯。"

艾利的妈妈听了之后，笑着说："我们家宝贝可真厉害，竟然都能够抓住小偷了。"

"嗯，我们今天玩得可开心了。杰克的愿望是当一名科学家，所以，他就扮演了科学家的角色；杰瑞长大后想当一名医生，所以他就在游戏中扮演了医生的角色；而汉斯的愿望是成为一名优秀的教师，所以游戏中的教师角色就由他扮演了。哇，我到今天才知道我这些朋友的理想是这些啊！"

妈妈又笑着说："看，老师放了你们两个小时假，你就像撒欢一样，好了，赶快去吃饭吧。"

宋姐爱心课堂

看，老师给了孩子两个小时的自由活动时间，小朋友们不仅玩得尽兴，而且还更加确定了自己的理想，这可以鼓励孩子按着自己的目标发展下去。

在教育孩子的过程中，作为执行者的家长必须注意一个问题，那就是不要抑制孩子的自发行为。孩子虽然小，但却是一个有着自我意识的人，知道自己在做什么。如果家长真的关心自己的孩子，就应该给孩子充分的自由，这样孩子才能够自由地活动与学习，才能够倾听自己心灵的呼唤，才能够激发潜藏在身体中的无限潜能。

在孩子有了自发行动之后，就会产生所谓的纪律。这种纪律、这种秩序，就会让孩子在自由的发展中出现一种"选择自我"的趋向。这种趋向一旦出现，孩子的智力活动就会开始安照一个轨道发展。

蒙台梭利曾经说过，我们要严格避免抑制孩子们的自发活动。在自发活动中，孩子自己就会吸收各种各样的知识。家长只要遵循孩子在自发行动中的发展规律，孩子的发展就会变得十分完善。在孩子的世界里，不需要大人订立的各种条款，也不需要学校的各种纪律。不然就可能会抑制孩子的成长。

在自由中快乐成长的孩子，会自己学到生活的秩序。家长要做的就是，让孩子在没有危险的情况下随心所欲；在有危险的情况下，教会孩子应该如何应对。

哈佛支招DIY

家长不仅不可以抑制孩子的自发行为，而且还要通过一些行为来促进孩子的自发行为，这样才能让孩子在不知不觉中学习到很多东西。那么，家长具体应该怎么做呢？以下是哈佛教育专家给出的建议。

●让孩子与同龄人接触

身为家长，应该让孩子尽可能多地与同龄孩子接触，因为孩子在成人面前总是被动的，这在无形当中就给他们造成一种压力，使他们没有办法自发地进行很多活动。

而在同龄孩子面前，他们是自由的、开放的，所以在与同龄人接触时，孩子可以学到更多的知识。

●随时随地教孩子

家长在教育孩子的时候，可以在各种实际场合教导孩子。尽管选择特定场合教导孩子，可以排除一些不必要的干扰因素，起到非常好的教育效果，但是，这样的场合在日常生活中并不是随时都存在的。所以，为了长远的发展，家长应该在日常生活中教导孩子，而且只有在这种环境中才更能让孩子自发地产生一些东西。

●给孩子创造的机会

一旦孩子获得基本行为之后，家长就需要放开手让孩子自行发展，给孩子足够的空间。孩子的独立行为越多，自发的行为就越多。

这期间要注意让孩子积累经验，如教孩子搭积木、拼拼图等。这样孩子在无聊的时候就会自主搭积木，做出很多有创造性的东西。

哈佛小语 ♡

哈佛教育专家认为，最人性的教育方式就是最尊重孩子的教育方式，让太阳像太阳那样升起；让星星像星星那样闪烁；让花像花那样开放；让孩子像孩子一样快乐。这就是最人性的教育。

教育能增加人固有的价值。有素的训练能坚定人的信心。

——[古罗马]贺拉斯

🕐 阅读时间：<u>25</u>分钟　　🎓 受益指数：★★★★★

不要强迫训练

在现代生活中，有很多家长为了让自己的孩子成才，为孩子制订了各种各样的计划，也不管孩子的意愿，经常强迫孩子按时完成。殊不知，这种强迫式的教育并不适合每一个孩子，有的时候非但得不到想要的效果，反而会弄巧成拙。

🧒📖 故事的天空

有一位退休的老人买了一栋简朴的住宅，准备在此安度晚年。

但是，附近有一群六七岁的小孩子很是调皮，经常无故砸坏公共设施，并且用脚踢垃圾桶，制造出很大的噪声，吵得街坊四邻不得安宁。附近的人们也曾经多次进行劝阻，但是都无济于事，这些小孩子仍然一意孤行。

时间长了，人们也只能听之任之。但是，对于这样的行为，退休的老人可受不了，他决定想一个好办法来制止这种行为。

当这群小孩子又凶狠狠踢垃圾桶时，老人对他们说道："倘若你们每天都能够来踢这些垃圾桶，我就每天给你们每个人1美元作为报酬。我非常喜欢听踢垃圾桶发出的声音。"孩子们都十分高兴，于是开始变本加厉地踢垃圾桶。几天之后，老人满脸愁容地对这群小孩子说："由于经济危机使我的收入减少了，从现在开始，恐怕我只能给你们每个人50美分了。"

尽管这群小孩子有些不满意，但还是接受了老人的条件，每天都继续来踢垃圾桶，但是他们踢得却没有以前那么卖力了。几天之后，老人又找到他们，说道："请你们千万要理解，因为最近我没有收到养老金支票，所以从今天开始，你们能否免费踢给我听吗？"

"免费，我们才不要，每天起这么早，还要费尽力气去踢垃圾桶，我们可不干。"这些小孩子都嚷嚷道。从此之后，踢垃圾桶的声音消失了，并且再也没有出现过，大家也都重新过上了安静的日子。

宋姐爱心课堂

故事中小孩子踢垃圾桶的行为，严重影响了周围人们的生活。人们为了安静的生活，多次进行劝阻，想要强迫他们停止这一行径，但是结果都不理想。而那位退休老人却采用了一种完全相反的方法——鼓励他们踢垃圾桶，让他们按照自己的意愿自由活动，然后再循序渐进地进行引导，最终成功了。

由此可见，孩子是不是能够自由自在地活动是相当重要的。因为一个健康的人需要的不是束缚而是自由，即使这种束缚看起来非常舒适也不行。

在现实生活中，由于家长望子成龙、望女成凤过于迫切，经常会给孩子做一些强迫性的训练。比如，父母想让孩子成为一名音乐家，就拼命地为孩子报各种学习音乐的辅导班，但是从未在意过孩子的想法；孩子喜欢雕刻，并且具有这方面的天赋，但是父母却想让他成为一名画家，于是乎，父母开始为他报各种学习绘画的辅导班，美其名曰："我们这是为了你好，你现在还不懂，等你长大了就明白了。"

孩子的年龄确实不大，但是这并不代表孩子没有自己的思想。父母对其进行各种强迫性训练的出发点是好的，但是这并不代表适合孩子。孩子在一种压抑的环境下怎么可能静下心去学习？孩子没有学习的欲望，又怎么可能激发其自身的潜能呢？

哈佛支招DIY

作为家长，有意识地对孩子进行一些有益的训练是没有错的，但是要特别注意，这种训练应该是不能强迫的，否则很容易适得其反。那么，家长到底应该怎么做呢？下面就来听听哈佛教育专家的建议。

●带孩子出去游玩

在对孩子进行训练的时候，首先要做的就是提供良好的环境。孩子周围的成长环境会直接对孩子的健康产生影响。如果周围的环境气氛阴郁，必然会影响孩子的消化，导致孩子的健康受损。所以，在天气晴朗的时候，不妨带孩子到大自然中去，眺望一下绿色的原野。让孩子能够自由自在地进行活动。

●让孩子多晒晒太阳

家长除了每天要带孩子进行必需的体能训练之外，还应该适当地让孩子晒太阳、呼吸新鲜空气。阳光里的红外线能够使身体发热，促进血流循环，使得新陈代谢变得更加旺盛，增强人体活动功能；紫外线能够刺激骨髓制造红细胞，防止贫血，而且还能够杀灭皮肤上的细菌，增强皮肤的抵抗力。

●不同的孩子，教育方法也不同

众所周知，教育应该因人而异，这样才能取得很好的效果。对孩子进行训练也不例外。所以，在训练孩子的自制力或者其他能力的时候，一定要结合孩子的意愿，不要强迫孩子，与此同时，还要根据每个孩子的特点，制订相应的方案。只有这样，才能以最快的速度达到你最想要的结果。

哈佛小语 ♡

　　哈佛教育专家认为，在学习或面对任何事情的时候，家长都不可以使用强迫的方式，否则只能让事情朝着相反的方向发展。要在营养与体能两个方面对孩子进行精心培育，不强迫孩子进行训练，让孩子自由自在地成长，这样一来，孩子就会变得更加健康活泼。

创造力正是一种冲动，每个孩子，每个人，都渴望与人交流自己的思想、感情、能力，时时想展现自己。

——佚名

⏱ 阅读时间：30分钟　　🎓 受益指数：★★★★★

每个孩子都拥有无限的创造力

每个孩子都有创造力，但在过去非常长的一段时间内，很多人都存在一个错误观念：创造力只存在于极少数人的身上，属于先天的禀赋，与后天的教育没有关系。但后来经过科学家的研究已经证明：创造力是每个孩子都具备的智力特征，凡是健康发育的孩子都具有不同程度的创造潜能。

🧒 故事的天空

玛莎是一个5岁的小女孩，非常喜欢画画。妈妈根据女儿的特点，精心为女儿挑选了几本适合她的图画书。刚开始玛莎还拿着看，并且模仿书上画。但没过几天，玛莎就把图画书扔在一边不再看了，整天拿着一支彩色铅笔，随心所欲地画着，走到哪儿画到哪儿。

玛莎的妈妈很了解孩子的天性，不但没有阻止玛莎，强迫她按照图画书去画，反而鼓励她充分发挥自己的想象力，想怎么画就怎么画。

所以，不管是家里的墙壁上，还是走廊的窗户上，亦或是地上，

全面解读哈佛大学智能教育经典

都是玛莎创作的地点。玛莎不停地画着，始终保持着亢奋的创作状态。

有一天中午，到了午睡的时间了，玛莎的妈妈按照惯例，安排好玛莎躺下之后就出去了。没过几分钟，玛莎趁着妈妈没有注意，飞快地爬起来在墙上画了一幅画。完成画作居然仅仅只用了一分钟。

而且更令人感到惊奇的是，这个在一分钟内画出来的画十分生动：一个小女孩正伸出一条腿，想要翻越高的墙头，小女孩的身后跟着一排星星，一直连到了天上，小女孩的脸上满是开心的笑容，星星的嘴角也都在俏皮地上翘。这样的图画真让人忍不住赞叹。

🙂 宋姐爱心课堂

通常情况下，玛莎这种在墙上乱涂乱画的行为，很可能会遭到训斥。幸好玛莎的妈妈并没有指责她，而是给她的这种创造力提供了更为宽松、有利的环境，让玛莎可以自由作画。如果每一位家长都能够像玛莎的妈妈一样，那么我们这个世界上不知道要诞生出多少伟大的画家呢！

有的时候，孩子所表现出来的创造力常常让人惊奇赞叹，但是有些人却认为创造力只是个别孩子的专利，与普通孩子没有任何关系。但是只要我们细心观察一些自己身边的孩子，就会发现，这些孩子的小脑袋瓜还真不简单，创造力每时每刻都在他们的生活中产生，源源不绝，仿佛根本不受任何束缚。

既然每个孩子都拥有无限的创造力，那么为什么只有少数人将自己的思想、观念、经验与智慧转化成某种终身有用的资源和信息？究其个中缘由，主要包括两方面的因素：一是错误的观念；二是不当的教育。

所以，父母要有责任、有义务、有意识地去观察孩子，发现孩子的创造力，保护孩子最原始的创造意识与创新精神，使得孩子们的创造性能够持续地发展下去。否则，这种非常可贵的创新萌芽，就会被无情地扼杀在摇篮之中。孩子最后只能在模仿与顺从的环境中成长，丧失了创造的机会、创造的条件以及创造的信心，而最终成为一个缺乏独特见解的平庸无能之人。

😄 哈佛支招DIY

哈佛教育专家认为，只有创造力才能保证孩子在今后的竞争中立于不败之地。的确，在当今社会的"听话式"教育中，很多孩子变得很乖、很听话，逐渐形成了胆小懦弱的性格，大大影响了自身的创造力。面对这种情况，父母应该怎么做呢?

●弄清楚孩子创造力的特点

孩子的创造力自发性强,针对性比较差,而借以表现的活动以及领域非常广泛。他们的创造力几乎在所从事的所有活动中都能够被发现。他们没有强烈的目的性,没有特定的行为模式,不受规范与习惯的限制,思路非常开阔,自由空间相当大,最充分地表达了现有的水平,这也是孩子经常让大人获得意外惊喜的主要原因。人的创造潜力是与生俱来的,对于孩子来说,只要创造力不被扼杀,以后必成大器。

●引导孩子创造力的发展

虽然孩子的创造力没有任何社会价值,但是却可以产生独立的个性活动。随着孩子的身心发展,这种人皆有之的创造性就会朝特殊才能的方向发展。也就是说,其中某种低级的、原始的创造力随着孩子的身心发展,会变成高级的、有真正创新意义的创造力。

●营造一个宽松的环境

父母培养孩子的创造力,不一定就非得让他达到科学或是艺术的最高峰。在日常生活中,创造力同样可以让孩子的未来变得更加丰富多彩。对于孩子而言,创造力不应该具有职业的味道,而应该就是他的生活本身。营造民主、宽松的家庭环境,这对于孩子形成独特的个性、有创新意识的思维和举动有着很重要的作用。父母不能因为孩子年纪小,需要成人照顾,就把他视为成人的附属品,应该受成人支配。孩子是一个完整、独立的个体,应该允许他有自己的世界,有自己的空间。

哈佛小语 ♡

哈佛教育专家认为,父母通过正确的教育与营造宽松的环境,就能确保孩子的创造潜能得到充分的释放,并且能够促进孩子健康发展。人的创新与创造潜能是无限的,大量的实践证明,人类生来就具有某种探索、学习、发现、发明和创造的能力。

创造性思维，给潜能插上翅膀

从小培养孩子的发散性思维，有利于孩子长大后更好地学习知识和应用知识，提高解决问题的能力。

——佚名

🕐 **阅读时间：** 25分钟　　🎓 **受益指数：** ★★★★★

培养孩子的发散思维能力

发散思维又被称为辐射思维法，它所指的是从一个目标或思维起点出发，沿着不同的方向，从各个角度进行设想，提出不同的看法，寻找各种尝试途径，解决具体问题的思维方法。发散思维的结果多样，具有新颖性、多端性、伸缩性和精细性的特点，而这些正是创造能力所要具备的独特性。

😊 故事的天空

杰尔是一个6岁的小男孩，特别喜欢问"为什么"。别看杰尔年龄很小，但是他做起事情来总是喜欢标新立异，从不同的方向出发。

每当他看到爸爸妈妈或者其他人做一件事情的时候，他都会用手托着自己的小下巴，歪着脑袋想：为什么要这么做呢？为什么不能那样做呢？如果那样做了会出现什么样的结

果呢？如果想不通，他就会自己亲自去实践。实在不行了，他就去问爸爸妈妈，并让他们代替自己做实验等。

杰尔的爸爸妈妈知道儿子喜欢发散性地思考问题是一件好事，所以在日常生活中，爸爸妈妈特别注意培养儿子的这种发散性思维，尽可能地耐心且详细地给他讲解，必要的时候，还会带他一起做实验。

有一次，他看到爸爸在厨房中切苹果，于是自己就站在一边观看，并且歪着脑袋不知道在想什么。爸爸看到后，笑着说："杰尔，你是不是又在想什么稀奇古怪的问题呢？"

杰尔这次不想告诉爸爸，想要自己解决心中的疑惑，就对爸爸说："没什么，爸爸，你去忙吧。"

爸爸点点头，走出了厨房。小杰尔拿起刀按照自己想象的那样切苹果，果然看到了一个五角星。于是，他兴奋地大声叫了起来："爸爸！快来看，苹果里面居然有个五角星！"

爸爸很奇怪，怕杰尔出什么危险，赶紧走过去看，原来，孩子没有像大人那样把苹果纵向切开，而是横向拦腰切开，这样，苹果的横切面看上去就好像一个清晰的五角星图案。

🙂 宋姐爱心课堂

我们总是习惯于纵向切苹果，从来没有想过横向切开试试。这不免让人感叹，吃了这么多年的苹果，却从来没有像小杰尔一样，试着将苹果横向切开，去发现里面的那颗五角星。

其实，这主要是因为孩子的思维是发散的、多角度的。他们喜欢按照自己的想法做事，于是便换了一个角度切苹果，最后就发现了很多连大人都没有发现的秘密，这就是培养创造力的前提——发散思维的作用。

在现实生活中，很多家长与老师都对孩子的好奇、求知、探索的兴趣与创造的行为表示不理解，对孩子的活动不仅限制多，而且责备也多，使孩子感到周围环境对他施加了许多压力，这严重挫伤了孩子创造能力的发展。而一个人的创造性精神，与发散性思维密不可分。

3岁以前的孩子还没有深层思维的能力，在这个阶段，主要是让孩子的动作协调起来，为今后发散思维打下基础。父母可以通过给孩子创设一个轻松、有趣、愉快的游戏环境，让他萌发思考的兴趣，并且尽量让他自己动手操作，使孩子经常处于积极活动的状态之中，从而在娱乐中帮助孩子形成发散性思维的习惯。

幼儿的发散性思维如思想的闸门，一旦被打开，思路极其宽广，这正是幼儿具有很强的创造潜能的反映。所以，家长和教师要重视培养和发展幼儿的发散性思维，使他们成长为富有创造精神和才干的聪明孩子。

哈佛支招DIY

哈佛教育专家曾经对人的发散性思维与创造力之间的关系进行了研究，发现人的创造力与发散性思维密切相关，凡是有发散性加工或转化的地方，都表明发生了创造性的思维。具体来说，有以下两个方面。

●灵活性

灵活性主要是指从多个方向、多个角度去思考问题的灵活程度。家长要想培养孩子这种灵活性，就应该引导他们从不同的角度灵活地考虑问题。这对于创造潜能的激发非常关键。

●独创性

独创性主要是指对于一件事，孩子能够产生与众不同的新奇思想的能力。在日常生活中，父母应该有意识地培养孩子大胆突破常规、敢于创新的创造精神。

哈佛小语 ♡

哈佛教育专家认为，培养孩子的发散性思维，需要在对婴幼儿教育的过程中扬弃传统的看待事物的角度和方法，引导幼儿以积极的心态去认识和获得一个全新的世界。

逆向思维能力的培养是潜移默化的，需要父母在平常的生活中多用心、多留心。

——佚名

⏱ 阅读时间：25分钟　🎓 受益指数：★★★★★

培养孩子的逆向思维能力

创造力就像我们每天说不同的话一样，最主要的特点就是学会用新颖独特的方式去想问题或做事情。当很多成年人被问道："你具有创造力吗？"回答往往是"没有"或"仅有一点点"等。

这样的回答难免让人遗憾。我们都知道，孩童时期的人几乎都具备创造潜能，但就是因为我们没有注意激发自己的潜能，这才导致成人之后，创造力消失殆尽。所以，这就给我们提了一个醒，在孩子小的时候，一定要注意对孩子创造潜能的激发，不要让他再重走我们的老路。

故事的天空

霍特是一个6岁的小男孩，平常遇到事情非常喜欢动脑筋。而且他动脑筋想事情还有一个特点，那就是常常从事情的反面出发，也就是我们平常所说的逆向思维。

有一次上有趣的实验课的时候，老师掏出一枚金币，指着玻璃器皿中的溶液问学生："刚才我对你们已经讲过这种溶液的性质，现在，我把这枚金币扔进去。你们想一想，金币会溶化吗？"

孩子们你看看我，我看看你，谁也回答不上来，只好仰着脸迷惑地望着老师。

老师笑着看了看他们，刚准备给他们详细解释一下，没有想到坐在第一排的霍特突然站起来大声说道："我知道，金币肯定不会溶化！"

"你回答得非常好，"老师高兴地表扬了小霍特，赞许地说，"今天的课，你一定听懂了。"

"其实，我什么也没有听懂。"小霍特低下头小声地说道。

"你没有听懂，那么你是怎么知道金币不会被溶化掉的？"老师非常惊讶地问道。

小霍特抬起头看着老师说："如果能够溶化金币，那么你怎么会舍得把它放进去呢？所以，我觉得金币肯定不会溶化。"

这个时候，老师才知道小霍特的思考方法，笑着说道："虽然你没有真正明白，但却懂得利用逆向思维进行思考，最终得出正确答案，还是值得表扬的。小霍特，你真的很棒！"

宋姐爱心课堂

在现代教育下，很多孩子的逆向思维能力已经慢慢退化，只是按照老师所教导的固定思维模式思考，而霍特却是例外，虽然他没有深厚的专业知识和高深的见解，但是不得不说，霍特选用了世间最为简单的思考方法，得出了一个正确的答案，而这就是逆向思维的伟大之处。

逆向思维法是相对于习惯思维而言的，它的思维取向总是与常人的思维取向不同，也就是从相反的方向来考虑问题的思维方法。它常常与事物常理相悖，但却达到了出其不意的效果。因此，在创造性思维中，逆向思维是最活跃的部分。

逆向思维并不是主张人们在思考问题时违背常规，不受限制地胡思乱想，而是一种小概率思维模式，即在思维活动中关注小概率可能性的思维。

培养孩子的逆向思维，有利于孩子今后的学习与工作，并且能够提高孩子的应变能力与创新意识。

引导孩子的逆向思维，年龄和认知发展水平是关键，可以根据孩子的不同年龄与不同的认知水平从易到难、循序渐进地进行培养。比如，孩子从2岁开始喜欢玩躲猫猫的游戏，有心的爸妈在游戏中就可以动脑筋了。在躲猫猫的时候可以让孩子躲在爸妈的后面，也可以换一种说法，即爸妈挡在了孩子的前面，之后让孩子学着表达。

对于孩子而言，直观的事物最能够引起他们的兴趣。所以我们可以借助一些看得见的东西鼓励孩子从另一个侧面去思考。比如猜影子游戏，或是一张平面图形的纸经过少许加工就能够让纸立起来变为立体的图形，通过事物的外形改变来刺激孩子的逆向思维。

在日常生活中与孩子一起观察事物，区分事物的许多相反的属性与特点，也能够培养孩子的逆向思维能力。

哈佛支招DIY

在如何培养孩子逆向思维的问题上，有很多家长可能不知道从什么地方下手。我们不妨试试下面的方法：

●故事新编法

家长选择一些孩子比较喜欢的经典的童话或者寓言故事，引导孩子从另外的角度重新构想故事的结局，让孩子能够意识到事物具有很多不同的方面。比如，倘若白雪公主听了七个小矮人的话就不会吃毒苹果，那么她的解决方法会是怎么样的呢？如果大灰狼将七只小羊都吃掉了，那么羊妈妈会怎么做？大灰狼倘若没死，小羊们会怎样对付它呢？引导孩子重构经典故事有助于孩子克服单向思维，提高孩子的立体思维水平。

●句式转换法

在日常生活中与宝宝进行对话的时候，可以有意识地去训练宝宝的思维转换，比如，采用句型的转换说法，把"宝宝，你刚刚吃了一个苹果"转化为"宝宝，一个苹果刚刚被你吃了"；将"宝宝在凳子下方"转换为"凳子在宝宝上方"。这种转换能够使宝宝明白可以从不同角度去思考问题，有助于培养宝宝的逆向思维。

●畅所欲言法

"畅所欲言法"指的是一个团体的人聚在一起就某个问题各抒己见，可以将这种方法借鉴到对宝贝逆向思维的训练中来。比如，让宝贝说说木头、纸张能用来做什么，尽可能地鼓励宝贝开动脑筋，引导他说出的用途越多越好。这也是培养孩子逆向思维的行之有效的方法之一。

🧑哈佛小语 ♡

　　逆向思维，往往能让你得到一种全然不同的答案，而这种答案很可能就会成为创造性的前提。而逆向思维的培养在孩童时期异常关键，因为这个年龄段的孩子涉世不深，思想比较单纯，思维没有常规的定式，所以这时候是训练逆向思维、培养创造能力的最好时期。

爸 妈 私 房 话

想象力作为一种创造性的认识能力，是一种强大的创造力量，它从实际自然所提供的材料中，创造出第二自然。

——佚名

⏱ 阅读时间：<u>30</u>分钟　　🎓 受益指数：★★★★★

培养孩子的创造性想象力

一位哈佛大学的教育专家在研究想象力和创造力之间的关系时，曾得出这样一个结论：每一件科学研究工作都要依靠事实。而为了研究事实，我们必须运用相关的指导思想和假设。没有思想指导的观察和实验都是盲目的。为了寻找答案进行的观察和实验就是创造性的过程，所需要的指导思想和假设就是想象力所发挥的作用。

🧒 故事的天空

莉莉在一家美国幼儿园任教，因为没有经验，她需要向老员工讨教教学方法。幼儿园的老师有很多，奥尔斯老师是这家幼儿园中最受孩子欢迎的老师，所以莉莉把自己的目标锁定在了奥尔斯老师的身上。奥尔斯老师并没有告诉莉莉要具体怎么做，而是让她参观自己的课堂。

那是一节美术课，奥尔斯老师布置的作业是让孩子们画自己生活中最熟悉的东西。孩子们听到题目之后，就开始高兴地画了起来。莉莉到处看了看，看到一位小朋友正用蓝色的水笔画一个大大的圆东西，她就问孩子："你在画什

全面解读哈佛大学智能教育经典

么？"孩子很自然地答道："大苹果。"

这时奥尔斯老师走了过来，看了孩子一眼，说："画得好。"然后拍了拍孩子的肩膀走了。

莉莉看到之后，心中十分不解，于是就追上了奥尔斯问道："那个孩子用蓝色画苹果，你为什么不纠正呢？"

这时，奥尔斯老师很诧异地说道："我为什么要纠正？也许以后他真的会培育出蓝色的苹果，至于现在的苹果是什么样子，他吃苹果的时候自然就会明白了。"

莉莉听完奥尔斯老师的话，这才恍然大悟，原来人们有时就是这样在不知不觉间破坏了孩子的创造力。

宋姐爱心课堂

显而易见，故事中那位美国老师不干涉孩子大胆想象的做法是值得我们家长学习的，这也是培养孩子创造力的主要方法之一。

人类的创造力和想象力之间存在着密切的联系。但一般来说，在人的一生中，我们的想象力会随着年龄的增长呈现逐渐衰减的趋势，因此幼儿时期是培养想象力的最佳时期。

当我们要对一件事进行创造性探索的时候，一定会运用到创造想象力。揭开事实、找出规律的第一步就是提出一种科学的假设。哈佛教育专家认为，创造想象在思考并产生假设的过程中起着重要作用。缺乏想象的科学工作者或许能够积累出一些事实，但永远都走不出事实的圈子，发现不了那些自然界和社会生活中存在的新规律，更不可能成为一名真正的科学创造者。由此可见，想象就是创造之母，没有想象力就没有创造力。

要将孩子培养成创新型人才，一定不能忽视对孩子想象力的培养。创造性想象是孩子创造才能的重要部分。遗憾的是，在现实生活中，孩子大胆的创造性想象常常得不到大人的理解。大人们一面惊叹孩子的想象比大人丰富、大胆，一面又有意无意地要孩子适应大人的条条框框，对孩子一些不合"规矩"的大胆想象加以纠正，殊不知这种做法不仅没有对孩子提供帮助，反而过早地扼杀了孩子们的创造性想象能力。

哈佛支招DIY

创造性想象在人的各种创造活动中起着重要的作用。那么怎样在家庭中训练孩子的创造性想象呢?

●进行想象力拓展游戏

家长可以经常与孩子进行想象力拓展游戏,这种游戏可以采用生活中的一件具体物品来展开,比如:喝完饮料的瓶子还能用来做什么?可以用来当球踢吗?可以用来当擀面杖吗?透过玻璃瓶看字会缩小还是会变大呢?也可以多让孩子做假设,比如:假如我是一粒种子,怎样才能发芽?发芽后会变成什么样的?能用肢体比画出来吗?

●无尾故事训练

家长可以让孩子成为"故事大王",续编或者改编故事。当故事刚讲完开头或者讲到一半的时候,家长不要着急交代结尾,不妨停下来,让孩子展开自己的想象,让孩子编写不同的情节和结尾。久而久之,孩子们就会养成一种爱动脑、发挥想象的好习惯。

●进行感觉体验

家长要尽量让孩子体验各种感觉。孩子每天更多的是生活在视觉的世界里,缺乏对其他感觉的体验和锻炼,触觉、视觉、听觉、嗅觉、味觉、灵感对想象力和创造力十分重要。家长不妨让孩子戴上眼罩,依靠自己的听觉、触觉等来感受世界。例如,通过播放没有歌词的音乐,让孩子说明自己听到了什么、感受到了什么,是鸟语花香,还是狂风暴雨?是宇宙漫步,还是时空穿越?这就是对孩子听觉想象力的锻炼。

哈佛小语 ♡

哈佛教育专家认为,创造性想象是在没有语言描述和形象的情况下,按照自己一定的目的独立地在头脑里创造出新事物的形象。创造性想象是不依赖现成的描述而独立地创造出新形象,创造想象的过程是一个真正的全新的过程,它的成果是世界上独一无二的。

第二章

哈佛家庭教育：
充分发挥家庭的优势

　　家是孩子生命的摇篮，是出生之后接受教育的第一场所，所以家庭教育是孩子人生的第一课堂，而家长就是孩子的第一任教师，即启蒙之师。孩子品格的好坏，很大程度上取决于父母的教育。

称赞让孩子更自信

人类本质中最殷切的需求是渴望被肯定。

——[美]约翰·杜威

🕐 阅读时间：<u>25</u>分钟　　🎓 受益指数：★★★★★

给孩子一点赞美

一位来自哈佛的教育专家曾经说过："鼓励比批评更能让孩子接受，这是赏识教育的精髓。"在进行赏识教育之前，家长首先需要深入地了解自己和孩子。这样会让家长在对孩子表现出赞赏的时候，冷静而清晰地引导孩子的成长。因此家长在面对孩子每一次犯错的时候，最好不要一味地指责，而是要站在孩子的角度上思考孩子为什么会做出这样的行为。

故事的天空

创造了成功的28项黄金法则、帮助了成千上万的普通人走向成功和致富道路的卡耐基被认为是20世纪最具影响力的人物之一。但和很多孩子一样，小时候的卡耐基也是个顽皮的孩子。

卡耐基小时候母亲就去世了，父亲又给他找了一个继母。继母很富有，而父亲很贫穷，为什么富有的继母愿意和贫穷的父亲一起生活呢？这让卡耐基十分疑惑。继母第一天出现在卡耐基面前的时候，父亲是这样向继母介绍他的："亲爱的，这是大家公认的最坏的男孩——我的儿子卡耐基。他已经坏到无可救药的地步了，我拿他已经毫无办法了，总之，亲爱的，你要小心，说不定明天他就会做出向你扔石头之类的事情。"

继母并没有听取父亲的建议远离卡耐基，而是微笑着走到卡耐基面前，托起他的头认真地看着他，然后回头对丈夫说："这个孩子并不是最坏的男孩，而是

全面解读哈佛大学智能教育经典

最聪明和最有创造力的孩子，只是他还没有找到释放他聪明才智的地方，我们不能否定他，而是要给他机会，让他顺着自己的天性成长。"继母的回答让卡耐基十分感动，从小就被人否定的卡耐基因为继母的这句话变得自信满满。从此这句话好像真的开启了卡耐基想象力和创造力的大门，卡耐基开始全力地投入到创作的热情中。

就是凭着这一句话，卡耐基与继母之间建立了深厚的感情。14岁的时候，继母给他买了一台二手打字机，并对他说："希望你能成为一名作家。"在继母的赏识和鼓励下，卡耐基开始向当地的一家报社投稿，经过坚持不懈的努力，最终成为了美国著名作家。

宋姐爱心课堂

现在，父母需要认真想一想，自己有多长时间没有用赞赏的眼光来注视自己的孩子了？世界上没有教不好的孩子，只有不会教的父母！教育孩子就像种庄稼一样，家长和农民的出发点都是好的。庄稼长势不好，农民从不抱怨庄稼，总会从自己的身上找原因；而当我们的孩子学习成绩不好的时候，家长表现出来的更多的是抱怨和指责，却很少会思考是不是自身的教育方式出现了问题。

人类天生就渴望着得到尊敬、赏识、理解和爱，因此教育学家们提出了赏识教育的观点。那么什么是赏识教育呢？赏识教育就是要实现自身和谐、亲子和谐、家庭和谐、团队和谐的教育方法。说简单点，赏识教育就是爱的教育，是充满了人情味、富有生命力的教育。赏识教育也是人文化、人性化的素质教育理念。

赏识教育是发展潜能最好的教育方式，是对孩子进行肯定和鼓励的教育方式。孩子通常需要得到别人的肯定与赏识，来战胜自己的自卑和恐惧，从而获得安全感和自信心。在成长的过程中，经常受到赏识的孩子，会从自己的失误中总结出教训，积累成功的经验。而秉承着赏识教育的人并不期待孩子考取满分，也不要求孩子必须要完成什么目标，并且他们承认孩子有个性差异，允许孩子出现失败的情况，在这样的教育方式下成长起来的孩子并不害怕失败，反而愈挫愈勇。

哈佛支招DIY

赏识教育不仅仅是对孩子进行表扬和鼓励那么简单，最终目的是要赏识孩子的行为，通过赏识让孩子明白哪些行为是好的，哪些行为是需要改正的。家长要适当提醒和引导孩子，纠正他们的不良行为，引导孩子健康自由地成长。

●尊重孩子是前提

在对孩子进行教育的时候，要将尊重作为前提。我们要明白，孩子是一个独立的个体，虽然他们没有形成独立的评价标准，却有着自己独立的人格和自我意识。家长在面对孩子的一些行为习惯时，不要强加干涉或过分指责，否则就会起到相反的作用，家长应该在尊重的前提下对孩子的行为进行引导，使之向更加积极的方面发展。

例如，当孩子表现出某种不良行为时，我们千万不能只从自身的角度出发，对孩子大加斥责，而不考虑孩子的承受能力。即使必须要批评，也要尊重孩子，不要伤害孩子的自尊心，然后在此基础上采用讲故事或者幽默的方式来让孩子明白其中的对错，自觉改正错误。在孩子改正某行为的时候，我们也要进行赏识教育，鼓励孩子改正错误、继续进步。如果我们想要让孩子做事，最好能用商量的口吻来征得孩子的同意，而不能用命令的方式。

●学会分担孩子的喜忧

很多家长经常会把自己的想法强加给孩子，而忽视孩子的独立性，这对孩子的成长是极为不利的。因此在对孩子进行教育的时候，家长要学会了解孩子的感受，与孩子一起分享烦恼与欢乐。优秀的家长在孩子心中有两个身份：长辈和知音。如果孩子取得了出色的成绩，家长应该真诚地与孩子一起庆贺，分享欢乐；如果孩子遇到困难和挫折，家长要像朋友一样站出来与孩子一起分担，鼓励孩子战胜困难和挫折。

●善于发现孩子的优点

就像罗丹说的："生活中并不缺少美，而是缺少发现美的眼睛。"同样，孩子身上也并不缺少优点，而是缺少发现优点的方法。赏识教育要求家长在日常生活中要善于发现孩子的优点，其实孩子的优点有很多，表现各异，例如，成功地完成了一次劳动、制作了一个小东西等。家长要耐心地观察，发现孩子的优点和长处，然后进行鼓励。如果家长总是当着孩子的面批评孩子，说他如何笨、如何不听话等，都会对孩子的心灵产生严重的影响，伤害孩子的自尊心。长期下去，孩子很可能会"破罐子破摔"，甚至造成无法挽回的后果。

●不要盲目表扬孩子

家长在发现孩子表现出正确的行为时要给予肯定和鼓励，以此来增加孩子的自信心。但现在有很多家长总是盲目地表扬和肯定孩子，经常把"你真棒""你真了不起"等挂在嘴边，给孩子营造出一种虚假的光环，从而让孩子养成自负的心性。如果某天孩子遭遇了挫折和打击，后果将会不堪设想。因此家长在对孩子进行表扬时，要针对具体的事情来进行鼓励和表扬，这样才能增强孩子的自信心。

哈佛小语 ♡

　　哈佛教育专家认为，赏识教育要求家长避开家教的误区，构建与孩子心灵沟通的桥梁，调整自己的心态，与孩子一起快乐成长。赞美永远不是多余的，特别是对于孩子来讲，一次真诚的赞美，要远远超过一万次严厉的责备。

赞赏和鼓励能让白痴变天才，批评和讽刺能使天才变白痴。

——[瑞典] 卡尔

采用合理的方式赞赏孩子

家长教育的方法多种多样，不同的家庭对孩子的教育方式和方法都不一样。教育心理学家认为，教育孩子要以赞赏为主，批评为辅。多给予孩子一定的表扬和鼓励，要比经常批评孩子产生的作用要大很多，尤其是小学阶段的孩子。如果家长总是批评孩子，不懂得赞赏孩子的优点，会使孩子慢慢地变得自卑，没有自信心。

🧒 故事的天空

在幼儿园召开的第一次家长会上，老师对一位妈妈说："您的儿子有多动症，他都无法在凳子上待上三分钟，我还是建议您带他去看医生。"

回家后，儿子问妈妈老师对他的评价如何。妈妈的眼泪差点就掉下来了，她又想起了老师那不屑的神情，因为班里20个孩子，儿子是最差的。不过，这位妈妈对儿子说道："老师夸奖你了，说宝贝刚开始在凳子上都坐不了一分钟，而现在竟然可以维持三分钟了呢。其他宝宝的妈妈都很羡慕

我，因为在班里只有我的宝贝进步了呢。"

当天晚上，儿子破天荒地吃了两个汉堡，而且全都是自己独立完成的。

儿子6岁上一年级的时候，老师又对妈妈说："您的儿子在全班排名倒数第二，我们认为他有智力障碍，您最好还是带他去看医生吧。"

在回家的路上，妈妈又伤心地哭了。可是，她回家之后却对儿子说："宝贝，今天老师又夸奖了你，他对你可是充满信心的，只要你再细心一点，你的成绩肯定会赶上你同桌的，你同桌这一次是班里第18名。"

听完这些话，儿子黯淡的眼神一下子有了光彩，脸上也露出了欣慰的笑容。经过这一次，妈妈发现儿子似乎已经长大了，很多事情他自己都能够完成得很好。

就这样，在妈妈的鼓励中，儿子的成绩一天天好起来。拿到哈佛大学录取通知书的时候，儿子突然跑到了妈妈房间里大哭起来，他说："妈妈，其实我一直都知道，我并不是一个聪明的孩子，但是我很幸运，您是世界上唯一一个欣赏我的人。"

🧑 宋姐爱心课堂

儿子从学习成绩倒数第几，一跃成了哈佛大学的学生，这无疑就是母亲合理赞赏的结果。人们都说"好孩子是夸出来的"，想要让孩子懂事听话，那么家长就应该给孩子一些合理的赞赏和肯定。

赞美的力量是巨大的，会让一个孩子从内心珍惜父母的教诲。在表扬孩子时，父母要重视感情的作用，掌握好尺度，尽量做到"浓淡"适度。

伟大的发明家爱迪生曾经说过，"天才就是努力加上尝试的结果"。为人父母者应该多给孩子一些赞美，挖掘出他们的天才潜质，从而更好地培养孩子成才。不管孩子喜欢什么，音乐也好，绘画也罢，父母都应该用赞赏的眼光对待，鼓励他们在喜欢的领域不断尝试、努力，以便走得更稳更远。当父母这么做了之后，也许孩子未来就可以成为下一个莫扎特，下一个梵·高。

🧑 哈佛支招DIY

赞美也需要一定的方法，而且方法必须是合理的，否则只会起到反面的作用。那么，作为父母，应该怎样赞美孩子呢？哈佛教育专家提出了下面的几点建议。

● 坚持原则

因为溺爱，有的父母便无原则地对孩子的各种行为都加以赞美，导致孩子是非不分，养成了骄横跋扈的坏习惯。如果孩子按照家长的要求去做并且做得十分好，那么家长就应该给予适当的赞美，但倘若孩子做了不对的事情，即便孩子又哭又闹、耍赖皮，家长也不能迁就他。否则，赞美就失去了原本的积极意义。

● 及时赞美

在孩子顺利地做完某件事情的时候，家长就应该给予适当的赞美与鼓励，这会达到很好的效果。倘若一时忘记了，应该想方设法补上。比如，孩子在老师的说服下，吃饭的时候终于肯吃蔬菜了，这个时候，父母就应该立即予以赞美。

● 当众赞美

父母在赞美孩子的时候，最好当着别人的面赞美。这样一来，孩子的美好品质或行为就传播出去了，孩子以后就会主动小心地维持这种品质或行为。

● 掌握分寸

孩子经过努力取得了好成绩，或者出色地完成了某件事情，父母就应该给予适当的赞美。但是请注意不要重复赞美某件事情。当孩子养成良好的习惯之后，就可以适当减少对孩子这方面的赞美。

哈佛小语 ♡

哈佛教育专家认为，一句赞美的话让他人心情愉悦，懂得赏识他人，夸奖、赞美他人的人往往处世积极乐观，受人欢迎、受人尊敬。家长应该学会赏识、赞美孩子，努力去挖掘孩子的闪光点，对孩子的正确行为进行赞美。

全面解读哈佛大学智能教育经典

塑造良好品行，让孩子更具魅力

一个人应当在童年就上完情感的学校——进行善良情感教育的学校。

——[苏联] 苏霍姆林斯基

⏱ 阅读时间：30分钟　　🎓 受益指数：★★★★★

教会孩子善良

人性中最美丽和最温暖的就是善良。如果一个人没有善良，他给予别人的温暖与关爱，不管是怎么样的发自肺腑，都不可能给予别人精神上的爱。人道精神的核心是善良的情感和修养，只有从小培养孩子的这种情感才会产生效果。

📖 故事的天空

德国人很重视对孩子的善良教育。

汉斯有一个很聪明的5岁女儿露丝。有一天，汉斯带着露丝去一家大商场买衣服。在拐角的地方，坐着一个小乞丐，小乞丐看到露丝后，抓住了露丝的裙角，并且把他手中的碗伸到露丝的面前。

露丝吓坏了，她急忙打掉小乞丐的手，大声说道："你做什么，你知不知道你弄脏了

我的衣服，你赶紧赔给我。"

在一旁观看的汉斯脸色立刻沉了下来，他低声说道："露丝，你来我这里。"

露丝极不情愿地走到汉斯面前，而那个拐角处的小乞丐也跟着走了过来，并且把手里的碗伸到了汉斯的面前。汉斯把身上的零钱掏出来，放到小乞丐的碗里，随后便拉着露丝回家了。

回到家之后，汉斯便立即召开了家庭会议，并且严肃批评了露丝今天的行为，他告诉女儿："露丝，每一个人都有自己的尊严，你可以不帮他，但是却不能因此而训斥他。小乞丐这样也并非他自己的意愿，我们每一个人都应该怀着一颗善良的心去看待世间的万物，而不能因为你的优越或者是其他，就去随意践踏别人的尊严。"

汉斯的一位朋友得知这事后，感觉他有点小题大做了，这样的事情犯得着要开一个家庭会议吗？可是汉斯却很严肃地说："我这么做就是为了让孩子拥有一颗善良的心，你要知道，善良可是比金子还要珍贵。"

宋姐爱心课堂

汉斯对女儿的善良教育是很有必要的，在这个世界上，每一个人都离不开他人的帮助，离不开人类这一群体，只有心怀善良，才能更好地在这个社会上生存。

如果我们给孩子善良，孩子就会以善良来回报。给予孩子的善良是无条件的，得到善良的回报也是没有任何条件的；如果给予孩子的善良是有条件的，得到善良的回报也是有条件的。

父母在培养孩子善良品质的时候，可以从日常生活中的点点滴滴做起。比如，我们可以借用小动物的活泼可爱，来激起孩子的爱心和同情心，这是一种有效培养孩子健全人格的方法。孩子在善意地对待每一个小动物的时候，就会将善良的种子播撒在心间，生根发芽。

苏霍姆林斯基这样教育孩子："要做一个善良的、富有同情心的人；要帮助弱者和无自卫能力者；要帮助患难的同志，不损害人；要尊敬、爱戴父母，是他们给了你生命又抚育了你。希望你成为一个诚实的公民，成为心地善良、心灵纯洁的人。"

哈佛支招DIY

善良是孩子在成长的道路上不可缺少的优良品质。那么，作为家长，应该如何教会孩子善良？怎样才能在孩子的心中植入善良的根？哈佛教育专家的建议如下。

●家长要以身作则

家长作为孩子的第一任老师，一定要给孩子的成长提供一个良好的环境。孩子会目睹父母的一言一行，然后就像鹦鹉学舌，父母有什么样的行为，孩子也就会有什么样的行为。要想让孩子心中长出善良的花朵，家长应该以身作则，在日常生活中，用自己的实际行动为孩子做榜样。比如，当父母对那些遭遇不幸的人真诚地表现出同情，并且给予他们一定的帮助时，孩子就会被大人的这些善良行为感染，此时，善良的种子也悄悄地落在了孩子的心间。

●让孩子学会换位思考

父母应该教会孩子如何换位思考，让孩子能够设身处地地考虑问题。只有孩子学会站在别人的角度进行思考，才能够理解别人的想法和感受，才会有善良的行为。对于那些经常爱搞恶作剧的孩子，父母一定要及时制止他们的行为，并教导他们换位思考。

●善良的故事要多讲

别以为讲故事这种事是小儿科，其实孩子就是一张白纸，你教给他什么他就会写上什么。如果总是听一些负面的、缺少爱的故事，那么孩子就会对负面事物逐渐产生心理阴影；反之如果多接受爱的教育，爸爸妈妈多讲一些有趣的、有爱心的、善良的故事，孩子也能在故事中感受到爱的力量。

哈佛小语 ♥

哈佛教育专家认为，善良的行为会得到别人的赞赏。善良教育，应该教会孩子懂得包容他人；要有爱心，帮助那些遇到困难的人；爱护身边的动物；在处理问题时不能有暴力行为。

少年应该在正直的前提下，去做每一件事情。

——[英]戴维·赫伯特·劳伦斯

🕐 阅读时间：<u>25</u>分钟　　🎓 受益指数：★★★★★

培养正直的孩子

哈佛教育专家一直秉承这样的理念：孩子的正直是和勇气、诚实、公正、责任感紧密联系在一起的。家长要教育孩子成为一个诚信、正直的人，首先就要引领孩子区分光荣与耻辱、正确与错误、诚实与欺骗等。

📖故事的天空

有一次，施恩和爸妈一起看电视。妈妈下班之后心情比较好，给施恩买了最喜欢吃的冰激凌，只听妈妈对爸爸说："哈哈，今天可真是走运啊，我买肉的时候给了那个人10美元，他却找了我40美元，这么好的事儿竟然让我碰上了！"

"亲爱的，真是太棒了！"爸爸连忙应和。

"当然，下次我还去他家买，说不定那个糊涂蛋还会迷迷糊糊地多找钱给我呢！"妈妈高兴地说道。

施恩在一边吃着冰激凌，将妈妈的话语也记在了心里。

过了一个星期，老师突然给施恩的爸妈打了一个电话，说施恩捡到了同学丢的电子手表，却不愿意归还给同学，并且说他捡

到的自然就是自己的。

爸妈听了之后，心里很是气愤，可是这又能怪得了谁呢？就算给施恩讲再多的大道理，也无法让他信服啊！

宋姐爱心课堂

故事中的父母在儿子面前没有树立好榜样，给孩子造成了很不好的影响，致使儿子也养成了说谎、爱贪小便宜的不良恶习，最后父母想要教育却也束手无策。

父母的行为对孩子的品德教育有着很大的影响，这种影响会伴随孩子的一生。作为家长，要给孩子树立一个好的榜样，在生活中注意自己的一言一行。有一些父母平时看似很正直，但是一遇到关乎自身利益的事情，他们便会改变自己的初衷，站在对自己有利的一方，完全忘记了正直的存在。

看似一件很小的事情，但是在孩子眼中，父母的信誉可是大大降低了，真的是得不偿失！所以在培养孩子的时候，父母一定要严于律己，做好正直的表率，培养孩子成为一个正直的人。

正直是建造人生大厦的坚实基础，是和诚信紧密联系在一起的。孩子的成长过程，就是塑造人格的关键时期，也是形成正直品性的最佳时期。父母的教育工作在这段时期中意义重大。另外，父母也要有意识地培养孩子鉴别事物的能力，并且做出自己的选择。孩子长大之后，也会像父母一样遇到各种各样的问题，所以，如果要培养孩子理性对待问题的能力，就不能够停在一厢情愿的人生准则上，培养孩子敏锐的观察力，通过对事物的准确判断，做出正直的选择。

哈佛支招DIY

正直的品格主要表现为：诚实守信、言行一致、待人真诚、富有同情心、有正义感等。那么，父母应该怎样培养孩子正直的品格呢？哈佛教育专家给出的建议如下。

●对孩子的品德教育予以重视

天下的父母都希望自己的孩子聪明伶俐，长大之后成为一个人才，所以在开发孩子智力方面给予了非常大的关注，但是却忽视了孩子的品德教育，这对孩子以后的发展无疑是一个隐患。所以，作为父母一定要重视孩子的品德教育，让他们做正直的人。

●给孩子树立一个好榜样

俗话说得好："己不正，何以正人？"父母要从自身做起，加强道德修养，做一个正直的人。不管对待亲人还是朋友，抑或是对待同事，都不说谎、不作假；在孩子面前也要信守诺言，不能为了达到某个目的而欺骗孩子；要敢于在孩子面前做自我检讨、自我批评；不偏袒、包庇自己的孩子；不在孩子面前说别人的坏话等。父母应该让自己的一言一行都成为孩子学习的好榜样。

●利用文艺作品提升孩子的道德水平

家长可以引导孩子多接触一些关于培养道德情操方面的优秀文学作品，为孩子购买一些含有这方面内容的书籍，让孩子慢慢懂得诚实正直是中华民族的传统美德，要求孩子从小做一个诚实正直的好人。

●给孩子一个实践的机会

品德教育最为关键的就是实践。父母应该让孩子多多观察周围发生的事，然后与孩子一起评论发生在身边的真实事例，从而提高孩子的道德水平。

除此之外，对于孩子偶然表现出来的"不正直"的行为，家长要正确对待。遇到这种情况之后，家长应该首先认真分析原因，然后制定教育方案，从而促使孩子的品德朝着健康的方向发展。

哈佛小语 ♥

> 哈佛教育专家认为，孩子从小就应该坚持一条准则：做对得起良心的事情。我们应该严格地遵循这条准则，不能将此看作一种牺牲。

教育并不是为了教授你如何谋生，而是教育你用感恩的心态去生活。

——佚名

🕐 阅读时间：25分钟　　🎓 受益指数：★★★★

让孩子说"谢谢"

一句简单的感谢语，是一个人优秀品质的外在展现，也是人与人之间更深层次的情感交流。"谢谢"不是一种冠冕堂皇的话，而是向对方表示，你对他为你所做的一切都很理解，对于真正的付出和帮助来讲，这种理解就是最好的回报。

👦 故事的天空

在公园的小广场上，一位父亲正在教自己的孩子学骑自行车。这位爸爸一会儿给儿子做示范，一会儿给他讲解要领。儿子在骑车的时候，爸爸还会跟在后面扶着车尾让自行车保持平衡，不一会儿爸爸就累得满头大汗了。

即使这样，爸爸依然陪着儿子练习了两个多小时。这时，孩子已经骑得很不错了，于是他冲爸爸说了一句："爸，你回家吧。"随后就与其他的小朋友一起去玩耍了。

这时，一直坐在树下的一位老人走到这位父亲跟前，对他说："你要把你的儿子叫回来，因为他遗失了

一件很重要的东西。"

父亲疑惑地看着这位老人说："可是我的孩子好像什么都没有带啊？"

老人笑笑，说道："不，你的孩子本应该带着爱和付出的谢意，但是他把它们给弄丢了，难道你不应该帮助你的儿子把它们都找回来吗？"

父亲似乎明白了老人的意思，于是说道："他是我的孩子，我为他付出是心甘情愿的，不需要他的感谢。"

"但是他身边的其他人需要啊！如果连做父母的都不能帮助他找到丢失的东西，他又怎么才能学会感谢别人的付出呢！"听了老人的话，父亲赞同地点了点头。

孩子骑车回来，发现爸爸还在公园里坐着，就问他为什么没有回家。

爸爸说道："因为我想和你一起回家啊，今天和你在一起很快乐，爸爸应该谢谢你！"

听了爸爸的话，儿子的脸红了起来："爸爸教会了我骑车，我应该谢谢爸爸才对。"

看着寻回了"重要东西"的儿子，爸爸满意地笑了。

宋姐爱心课堂

很多家长就像故事里的父亲一样，不求回报地为孩子付出，照顾孩子的衣食住行，帮助他学习、陪他玩耍，但是却没想过让孩子对自己说一句"谢谢"。

全世界都知道父母的爱是最无私的，但是家长们更应该明白，父母对孩子的爱并不应该是单向的，而应该是双向互动的。孩子在接受来自父母的爱的同时，更应该懂得反馈和回报。因此，身为家长，要从小培养孩子的这一品格，使甘愿付出的父母以及那些给予过孩子们帮助的人获得安慰和喜悦，也让孩子们可以拥有最宝贵的人生财富。

"谢谢"是一种肯定与关怀，对于通过劳动给予自己便利和舒适的人，一句"谢谢"可以让对方感到他所付出的劳动是值得的。"谢谢"更能代表一个人的处世态度，微笑着说"谢谢"的人一定是一个热爱生命、热爱生活、心怀感恩的人，仅仅是通过谢意的自然表达，就可以让周围的空气充满温柔与友善的气息。

哈佛支招DIY

在日常生活中，引导孩子表达谢意的机会有很多。家长要注意抓住一切可以让孩子学会感恩的机会，让孩子明白感恩的重要性，学会感恩。哈佛教育专家建议家长从以下几方面来培养孩子的感恩精神。

● 感恩，从父母开始

父母应该让孩子明白自己工作的艰辛。现在有很多孩子聚在一起的时候会吹嘘自己父母的地位如何显赫、每天能挣多少钱，却不愿意讲他们真实的工作状况。事实上，有许多孩子根本就不知道父母工作的辛苦，更不知道钱是如何来之不易的。

根据调查显示，70%的小学生都认为父母的付出是天经地义的，面对这种情况，家长可以把孩子带到自己工作的现场，让孩子一起参与劳动，这样孩子才能切身体会到父母工作的艰辛、赚钱的不易。

● 父母要当好榜样的力量

好动、好模仿、可塑性强、容易接收外界的信息，这些都是孩子的特点。父母的一言一行，都会在孩子的身上产生影响，成为孩子一种行为暗示。因此，身为家长，在对孩子实施感恩教育的过程中，要做好感恩的表率。

如果孩子在日常生活中关心和帮助父母，父母要敏锐体察，学会感谢和鼓励孩子。父母的这种感恩方式，不仅可以感染孩子，还能让孩子体会到父母的感谢之意，体会到施恩的快乐。

● 在孩子面前学会"示弱"

如果父母总能把所有事情都办得又快又好，那么孩子就没有了插手帮忙的机会。久而久之，孩子就会习惯于接受，因为他所有的需要都被父母无条件地满足了，就会理所当然地认为什么事情都应该满足他，认为别人的给予都是本该得到的。

父母要在孩子面前学会"示弱"，让孩子做一些力所能及的事情，让孩子学会吃苦，这样也就从侧面告诉孩子，父母和别人的给予与帮助是对他的一种"恩惠"，而不是理所当然，更不是欠他的。

● 节日，感恩的好时机

各种节日也是教会孩子学会感恩的好时机，例如，春节的时候，可以教孩子热情接受爷爷奶奶以及其他亲属送给他的礼物，并表示感谢，不管礼物的价钱是多少，回到家里都要让孩子妥善保管，学会珍惜别人的情意；教师节的时候，可以让孩子亲手制作贺卡送给老师，表达对老师的谢意；遇到父亲节和母亲节，要让孩子学会对父母说感谢的话。

● 营造充满谢意的家庭氛围

营造一个充满谢意的家庭氛围，对孩子学会感恩也十分重要，比如，当妈妈准备了一桌丰盛的晚餐时，爸爸可以趁机对孩子说："妈妈真了不起，做了这么多好吃的饭菜！妈妈一定很辛苦，我们一定要好好感谢一下妈妈。"这样孩子就会懂得对于妈妈的付出要学会感恩。

哈佛小语 ♡

哈佛教育专家认为，学会说"谢谢"是完美地完成一次情感交流的前提。一个人只有心存感恩，才会认识到世界的美好，才能感受到别人的善意。

爸 妈 私 房 话

全面解读哈佛大学智能教育经典

宽容让孩子更成熟

如果你要想在困难的时候得到他人的帮助，那么你平时就应该待人以善。

——[波斯] 萨迪

🕐 阅读时间：25分钟　　🎓 受益指数：★★★★★

宽容的孩子朋友多

如今，在一些影视作品中，到处充斥着暴力和不稳定因素，这对孩子的成长会产生不利的影响。家长都希望给孩子创造一个幸福安定的生活环境，而我们所能给予孩子的真正幸福，就是将孩子培养成为一个纯真、善良、为他人着想的人。从小培养孩子的这种品性，孩子长大之后，自然也就会成为一个友善之人，进而成为幸福感强的人。

👦 故事的天空

露丝和艾米丽是十分要好的朋友，从幼儿园的小班一直到大班，她们一直都是同桌，而且从来没有吵过架。可最近，露丝不愿意和艾米丽说话了，因为她弄坏了自己最喜欢的小书包。

幼儿园放学的时候，露丝埋头就向家走，全然不顾后面大声喊着她名字的艾米丽。这时，露丝的妈妈看到了。

"你没有听到艾米丽在叫你吗？"妈妈问她。

"我才不要理她，她弄坏了我的小书包！你看！"露丝一边抱怨，一边滴下书包，只见书包的其中一个背带不知道被什么东西割得快断了，还真是坏掉了。

"没关系，书包带坏了妈妈可以帮你缝啊！"妈妈对她说。

"我不要！我要新的小书包！我才不要理弄坏我书包的艾米丽！"露丝还是很坚持。

"你难道忘了吗？去年你好像把艾米丽的铅笔盒摔坏了，但人家可没生你的气啊！她的妈妈给她买了新的铅笔盒，顺便还给你买了一模一样的呢！"妈妈耐心地说道。

"对啊，我现在用的就是艾米丽妈妈帮我买的。"露丝答道。

"所以啊，人家宽容了你，现在你是不是应该原谅人家呢？"妈妈笑着问道。

这时，艾米丽追了上来，她抱歉地说："露丝，我真不是故意弄坏你的小书包的……"话音未落，露丝就握着她的手说："没关系，妈妈说书包坏了可以再缝好！上次我摔坏你的铅笔盒你也没生我的气啊！我们一起回家吧！"

宋姐爱心课堂

试想一下，如果露丝的妈妈没有正确地教导她，而是纵容女儿生气，甚至是帮女儿向艾米丽要新书包，那么后果会怎样呢？或许露丝就学不会宽容、学不会原谅。

其实，人与人相处就好比你与镜子中的自己相处，你待人友善，他人也必定待你友善；你对别人微笑，别人也会对你微笑；你对别人有敌意，别人也不会对你有好感。如果你能够伸出热情的双手，那么他必然会紧紧上前，和你握手；如果你冷漠地转身，那么他也不会多加挽留，而是和你分道扬镳。

所以，善意待人不仅能够让别人感到心情舒畅，也会让自己身处一个善意的环境中。当别人伤害你的时候，只要是无心之失，那么不妨宽容地原谅他，如果你的孩子也能这样做，那么他就会发现每一段过往都会变得那么美好，身边的每一个人都那么友善，所经历的一切都值得用心去珍藏。

哈佛支招DIY

每一个刚出生的宝宝都是友善的，正如古人所言："人之初，性本善。"不过，虽然他们天生具有与人交流的能力，但是如果想培养出一个友善的"小太阳"，还得需要父母的用心教育。哈佛教育专家指出，从以下几个方面入手可以达到事半功倍的效果。

●鼓励孩子表达善意

"人之初，性本善。"孩子的本性都是善良的，而他们的善意也经常会使我们这些大人感受到世间最纯真的感情。鼓励孩子把心中的善意大胆地表达出来，这是肯定他们善意的最佳方式，也给予了他们能够勇敢表达善意的机会。

●教导孩子从他人角度出发

除了要对孩子进行适当的鼓励外，家长还应该有意识地教导孩子，在表达善意的时候，应该也要从他人的角度出发，以免将自己的善意强加给别人，而使得他人受到伤害，这就违反了善意的初衷。比如，你把自己的好友比下去，自己考了第一名，得了一百元钱现金，而你为了安抚好友的心，却将这一百元钱送给了好友，好友非但没有开心，反而感觉你侮辱了他，这样也就变成好心办坏事儿了。

●注意从细节上"打磨"孩子的善意

每一位家长都应该注重"打磨"孩子的方方面面，要注意从细节上让孩子的善意散发光芒，让他们从小养成表达善意的习惯，他们的世界也会充满善意的光芒，生活因而变得温暖灿烂。

哈佛小语 ♡

　　哈佛教育专家认为，一个人之所以受到人们的尊敬和敬仰，这绝不是因为他在事业上的成绩，而是因为他良好的品格。如若不知道与人为善的道理，哪怕他赢了全世界也无济于事。只有那些品德兼修的孩子，才能够成为社会上的好公民，才能够得到人们的尊敬。

人们应该相互尊重和包容，每个人都有自己的弱点和差异。在他最为薄弱的一面，任何人都能够把他捣碎切割。

——[英]约翰·济慈

⏰ 阅读时间：25分钟　　🎓 受益指数：★★★★★

让孩子学会尊重与包容

宽容是孩子健康发展和建立良好人际关系的基础，尊重他人是与人交往的前提，这些对于孩子来说都有很重要的意义。一个懂得宽容和尊敬别人的孩子，对生活一定有着积极向上的心态，看问题比较乐观，对人对事比较温和热情。所以家长要从小培养孩子宽以待人的良好品德，有益于孩子的健康成长。

🤔 故事的天空

列夫是远近闻名的"孩子王"，很受小朋友们的拥戴，这让列夫的父亲很是纳闷，列夫既不是周边年龄最大的孩子，也不是最优秀的孩子，为什么就这么得小朋友的欢心呢？有一回，列夫的爸爸看着几个小朋友玩游戏，他才终于知道了儿子深受欢迎的原因。

那天，列夫和伙伴们玩的是"作战"游戏，列夫被小朋友们推选为"司令"，于是，他有模有样地给小朋友们分配任务。当大家都领了"任务"，游戏正要开始的时候，站在一边的里瑟突然走到了列夫面前，但是却低头不说话。里瑟

今年只有4岁，是一个非常内向腼腆的小姑娘。一般情况下，孩子们玩耍的时候，她就躲在一边观看，她心里虽然很想和他们一起玩，但是却从不敢说出来！

有些小孩子并不欢迎里瑟的加入，因为他们感觉里瑟太小，玩的过程中还要顾及她，很是没劲。里瑟看着小朋友们并不欢迎她，顿时眼睛都红了。

这个时候，列夫蹲下来帮里瑟擦干了眼泪，并且说："里瑟，你就当我的传令兵吧，给你这个哨子，我说进攻的时候，你就吹一声，我说撤退，你便吹两声。"接着还向其他小孩子郑重宣布了里瑟传令兵的职位。

列夫的爸爸这个时候已经明白了儿子如此受欢迎的原因，他能够感受到儿子的包容和善良，相信和他一起玩的小朋友肯定也感受到了，所以才如此拥护他！

宋姐爱心课堂

列夫虽然年龄很小，但是却已经明白了包容与尊重的道理。而他之所以受到小伙伴们的喜爱，也正是因为这一点。

每个人所生存的方式并不相同，每个生物的存在也都有它各自的意愿。每个人同样有意义，同样生存在这个社会上。

在现实生活中，为人处世最基本的理念就是承认、尊重和包容差异，如果孩子不懂得这个道理，那么就不用说团结和友爱了，甚至他们长大后，也无法适应这个多元化的社会。

人生来就是有差异的，人们对于差异的认识也是与生俱来的。6个月大的婴孩就有性别和种族上的差异意识；3岁的孩童就能够下意识地对人进行分类，并且通过自己的主观意识来选择自己喜欢的人；5岁的孩子就会将自己所认为的优秀品质和印象好的人联系起来，这个时候，喜欢或者是厌恶的情绪已经开始逐渐强化；8岁的孩子，开始受到社会的影响。

孩子会在不经意间表达他对差异的认识，例如，有些孩子会主动找老师调换位置，而理由可能就是我讨厌蓝色，但是同桌却总喜欢穿蓝色的衣服，当然了，也有理由是我是女孩子，他是男孩子等，这些理由都让家长和老师哭笑不得。孩子对差异敏感，但是却无法包容差异，这就是由于家长忽视了教导孩子要正确认识人和人之间的差异，让孩子在明白差异的同时，却无法和这种差异有效地融合起来。

哈佛支招DIY

世界上有形形色色的人，也不可避免地有多种多样的差异。面对这些差异，父母应该教导孩子用一颗宽容的心去对待，让孩子尊重并包容人与人之间的差异，教育孩子应该宽以待人。

●让孩子认识到差异，并且能够包容差异

家庭的塑造在很大程度上影响了孩子对待差异的态度，家长在孩子面对差异的时候，应该给予积极的引导，让孩子正确认识差异，并且能够包容差异。例如，一个喜欢吃肉的孩子，每天都央求母亲为自己做肉吃，这个时候，如果家长一味地顺从，那么只能够养成"我喜欢，我正确"的观念，所以，家长应该告诉孩子："妈妈比较喜欢吃青菜，和你喜欢吃肉是一样的道理，所以你昨天已经吃肉了，今天该做妈妈喜欢吃的青菜了。"这样就能够让孩子认识到人与人之间喜好的不同，但是这两者是平等的关系，都应该受到对方的尊重。

●让孩子改掉对他人的排斥心理

美国迪士尼优秀教师奖得主罗恩·克拉克给了家长们一条很中肯的建议："没有人要求你去喜欢任何一个人，就算作为成人，也不会喜欢见过的每一个人，而且也只有人类才会选择自己喜欢什么人，不喜欢什么人。但是我保证，我能够将个人的情感因素抛开，能够给每个人以尊敬，对每个人都充满善意。我让他们懂得这些，也是希望他们能够像我一样做到。"

●多带孩子参加社会性活动

让孩子多参加一些需要多人参与的活动，能让他更加懂得人人平等的道理。比如，去游乐园玩娱乐项目的时候需要排队，这时孩子就会发现自己和别人没有什么两样，会减弱孩子与生俱来的以自我为中心的想法，从而让他更加懂得尊重和包容的必要性。

哈佛小语 ♡

哈佛教育专家认为，尊敬他人、宽以待人是一种美德，也是一种智慧，父母教导孩子学会宽容，也就教会了孩子一门与人交往的智慧。有了尊敬和宽容，就有了良好的人际关系，有了良好的人际关系，才能够活得更加快乐。

全面解读哈佛大学智能教育经典

世界上最宽阔的是海洋，比海洋更宽阔的是天空，比天空更宽阔的是人的胸怀。

——[法] 雨果

🕐 阅读时间：<u>30</u>分钟　　🎓 受益指数：★★★★★

让孩子学会宽容待人

人与人之间难免会发生摩擦、产生误会，因为一些小事就大打出手，或老死不相往来，这样的事情都表现出了当事人偏见和固执的品格缺陷。每位家长都希望孩子成为一个宽以待人的人，但是很多时候家长在日常生活中会在无意间做了不好的榜样。

📖 故事的天空

皮特先生对自己的儿子克鲁斯要求很高，也十分严格，每次克鲁斯做错了事情，不管是有心还是无心，都会遭到爸爸严格的责骂和处罚。有几次爸爸错怪了他，虽然后来真相大白，但是固执的皮特先生认为给儿子道歉是一件很丢面子的事情，所以到了最后只是轻描淡写地说一句："有则改之，无则加勉。"

一次，克鲁斯与爸爸一起去游乐园，克鲁斯手上的冰激凌被忽然转身的另一个孩子碰到了地上。因为冰激凌没有吃几口就掉到了地上，克鲁斯大声嚷道："都是你不好！赔我冰激凌！"那个男孩对克鲁斯的态度也十分不满，没好气地回敬道："是你自己没拿住，关我什么事？"两个孩子怒气冲冲地吼着对方，眼看一场"战争"即将爆发。皮特先生看到之后，不由分说地与对方的家长吵了起来。最后双方都吵得不可开交，一次好好的游玩就这样不欢而散了。

没过几天，老师突然打来电话说，克鲁斯因为同学不小心撕破了他的作业本而出手打了对方。听到这件事皮特先生火冒三丈，当着老师的面大声训斥儿子道："难道以前我没有告诉过你要'宽以待人'吗？都当成耳旁风了吗？"看着这样的父亲，老师终于明白了问题的症结所在，无奈地摇了摇头。

🙂 宋姐爱心课堂

皮特的日常做法便给儿子带来了不好的影响，他只是一味地指责儿子的不是，却没有了解到自身的问题，要想让孩子学会包容，关键还是要父母以身作则。

如果想要孩子学会宽容，父母要先学会宽容地对待孩子犯的错误，家长不要用简单、粗暴的方式来解决问题，要耐心地与孩子一起分析犯错的原因，并找出弥补的方法，让孩子感受到他人的宽容给自己带来的鼓励。

宽容是一种美德，也是一种智慧。如果家长教会了孩子宽容，那么孩子就掌握了一种能够与任何人交往的智慧。学会了宽容，孩子就会有一份很好的人际关系。而好的人际关系，可以让孩子交到更多朋友，生活得更加快乐。宽容是一种十分重要的品质，每个人必需的智慧更是孩子在社会上健康成长的能力。

如果孩子在学校中与同学发生矛盾，可以告诉孩子寻求家长和老师的帮助，不过最好能让孩子自己去解决。因为如果总是依靠家长和老师的力量，孩子就会产生依赖心理。倘若家长或者老师都不在时，孩子之间的冲突可能会更加激烈。其实，更好的方法就是要让孩子从心底里原谅与他发生矛盾的同学。

改变孩子的态度，才是最直接也是最有效的解决问题的方法。而这样的做法中最基本的，就是孩子能够宽容地对待他的伙伴，宽容地对待他们有过的不愉快经历。请老师或者家长帮助并不是解决孩子间冲突的根本方法，根本方法还是要靠孩子自己。对于家长来讲，最忌讳的就是自己出面替孩子解决问题。

👧 哈佛支招DIY

现在的孩子大多都以自我为中心，不管发生了什么事，首先想到的就是自己，而不是别人。那么要怎样教育孩子学会宽容呢？哈佛教育专家建议家长们这样做。

●常说"对不起"和"没关系"

一句"对不起"、一句"没关系"完全可以把本来复杂的事情变得简单，家长让孩子养成这样的话语习惯，有助于培养孩子宽以待人的良好品质。

●勇敢承认错误的父母才是好榜样

家长也难免会犯错，这时，家长要抛开身为长辈的颜面，不要当作什么事情都没有发生过，更不要强词夺理，用家长的威严来压制孩子。家长要勇于承认自己的错误，并请求孩子的原谅，这也是教会孩子宽容的最好的一课了。

●父母要引导孩子包容别人的缺点和过失

父母要让孩子明白：每个人都有缺点，每个人都可能会犯错误，对待别人错误的最好方式不是惩罚，也不是责备，而是宽容和理解。如果孩子能够理解这一点，就不会抓住别人的错不放了，这是孩子试着去理解别人、体谅别人的开端。

哈佛小语 ♡

哈佛教育专家认为，让孩子学会宽容，是家长给予孩子最宝贵的财富，宽容也是孩子成长路上不可缺少的品质。家长要注意自己的日常行为，加强对孩子宽容心的培养，让孩子成为一名能够宽以待人的人。

培养孩子的责任感

一个人如果没有热情，那么他将会一事无成，而和热情紧密相关的就是责任心。有没有责任心，关乎着家庭、生活、工作等，而这也充斥在人与人交往过程中的每个角落。

——[俄]列夫·托尔斯泰

⏱ 阅读时间：25分钟　　🎓 受益指数：★★★★★

卡尔·威特家庭的责任教育

现实生活中，很多父母都是孩子的全职保姆，帮助孩子解决生活、学习中的一切困难，但是却忘记了对孩子的责任教育。对一个孩子来说，从小培养起责任感是极其重要的事情，所以父母应该格外重视，让孩子拥有一颗责任心。

故事的天空

教育大师卡尔·威特就非常注重对儿子小威特责任观念的培养。

卡尔·威特很少给小威特买玩具，不过他却精心为小威特准备了一套炊事玩具，而且还特别准许小威特跟着妈妈一起学习"做饭"。妈妈做饭的时候，小威特就站在一边看着，在这个过程中，小威特总会提出各种各样的问题，妈妈也都一一耐心地回答。

虽然小威特最终并没有学会做饭，但是却认识到了家庭的细节之处，认识到了家庭是由每位成员的付出构成的，所以每个人都要承担一部分的责任。

小威特再大一点时，卡尔·威特便用做游戏的方式进行孩子责任观念的强化教育。

例如，有些时候，他还会让小威特管理家中的事务，而自己则是当小威特的仆人，听从他的安排。如果小威特所下达的命令没有条理性，并且还把家里搞得一团糟，那么他就会收回小威特"管家"的资格，进而降为仆人。

当然，卡尔·威特有时也不会好好做事，这个时候小威特就会毫不留情地指正出来，而他也非常配合地说："请原谅，我以后肯定注意。"

宋姐爱心课堂

著名教育大师卡尔·威特对于儿子小威特的教育可谓是责任教育的典范，他根据小威特的年龄给小威特安排合适的任务，从小培养小威特的责任感。

当今社会，大多数的家长根本就没有认识到孩子缺乏家庭责任感的严重性，依然当孩子的全职管家，处处都帮孩子打点好，让孩子一心学习，别的事情都不需要管。孩子享受了家庭中最高的权利，但是却没有承担一点责任，这样也就打破了权利和义务相辅相成的平衡关系，势必会给孩子的成长带来不良的影响。

在生活中，不仅要让孩子意识到应该承担的家庭责任，还要让孩子注意和其他成员之间的情感联系。正是因为家人之间的感情，才会让人们心甘情愿地承担家庭的责任。同样，根植于情感的责任教育也是孩子们最容易接受和乐于接受的。亲友之间需要常常打电话，过年过节要时常在一起聚聚餐，互相赠送一些祝福的贺卡和小礼物，这些都有利于家庭情感的维系。

在美国，如果和长辈离得比较远，那么家长就会让孩子在假期里独自坐飞机去看望老人，他们将这种方式称作"邮寄儿童"。而我们国家不妨也学习一下这种邮寄儿童的方式，让孩子在假期的时候，带上自己的小礼物，去看望一下长辈，这样下来，孩子长大后肯定就是一个有担当的人了！

哈佛支招DIY

对孩子进行责任教育是我们每一位家长应尽的责任。只有更好地实施责任教育，才能够培养出一代又一代的责任公民。作为父母，我们更没有任何理由推脱搪塞，要勇敢担负起责任教育，引领孩子做一个有责任心的人。

●让孩子感受到家庭的快乐

美国社会心理学家曾经对学龄儿童的家庭生活做了几项调查，其中有这么一个问题："什么样的家庭能够让你感到快乐呢？"这些儿童的父母私下都猜测着孩子们的答案，有钱、房子大、每天吃到可口的食物、能够买到喜欢的玩具等，可是孩子们的答案却让所有人都大吃一惊。在这些孩子中，大部分的人认为最为快乐的事情，就是和家人一起做些事情。

看，大人总喜欢用自己的逻辑去猜测孩子的想法，只是一味地给孩子们物质上的满足，却从来没有想过孩子真正需要的是什么。

所以，想要让孩子有责任心，家长不妨从为他营造一个快乐融洽的家庭氛围开始，让孩子在体验快乐的同时，自然而然地生成责任观念。

●给孩子承担责任的机会

小威特在做家务的时候，除了享受到快乐，还找到了在家庭中存在的价值。这样的契机对于孩子来说是非常重要的。所以，家长可以适时给孩子一些家务活，让他明白自己在这个家庭中的意义。比如，可以让孩子帮助父母刷刷碗、扫扫地、买点菜等。慢慢地，孩子就会变得更加有自信，更加乐观起来。这也是因为他们在参与家庭事务的同时，也找到了自我的价值。

家庭责任感是孩子社会责任感发展的基础，只有让孩子从小就意识到自己在生活中的意义和价值，让孩子感觉到自己是被需要的人，孩子的内心才会感到快乐，才会更加坚强，才能够担负起肩上的责任，对自己负责、对家人负责、对社会负责。

●让孩子明白自己是家中的一分子

责任教育应该从家庭开始，而家庭就应该从重视孩子开始。这里所说的重视不是孩子要什么就给他什么，而是要重视孩子的意见，并且告诉孩子他有责任、有义务、有必要参与家中事情的决策。这样由小见大就能逐步培养出孩子的责任感。

哈佛小语 ♡

> 哈佛教育专家认为，责任心指的就是对别人的关心、对社会的关心。只有让孩子拥有了责任心，他们的生活才算是真正有了价值。

每一个人的心中都应该有这样的信心：人们所能够担负的责任，我也一定能负；人们不能担负的责任，我也能负。这样，你才能真正锻炼自己，进入更高的境界。

——[美] 亚伯拉罕·林肯

● 阅读时间：25分钟　　🎓 受益指数：★★★★★

从小培养孩子的责任感

对于孩子来讲，责任感是非常重要的。只有具有一定的责任感，人才可以自觉地、勤奋地学习与工作，掌握各种技能。父母一定要从小培养孩子的责任感，以便孩子长大之后，能够适应社会，照顾家庭，完成本职工作，尽自己的义务，从而成为一名优秀的人才。

👦 故事的天空

有一个小男孩非常喜欢踢足球，尽管他才不足6岁，但还是整天踢着足球跑来跑去。

有一次在踢足球的时候，他起脚射门，方向没有把握好，不偏不倚正好将邻居家的玻璃踢碎了。

一群孩子没有一个人敢去道歉，这个男孩只好硬着头皮敲开了邻居的屋门。不出意外地，邻居十分生气，要求他赔偿12.5美元。

闯了大祸的小男孩回到家中不安地向父亲认错，父亲说："亲爱的，我明白你已经

认识到了自己的错误，但你应该为自己的过失负责，对吗？"

小男孩为难地说道："可是，我现在没有钱赔给人家。"

父亲说："那没关系，我可以先借给你，以后慢慢地从你做家务的'工资'中扣除。"

从此之后，每个月小男孩在家做家务的"工资"都会被扣除一部分。半年之后，终于将自己借父亲的12.5美元还清了。

后来，这个小男孩成为了一个知名人士。他在回忆这件事情的时候说道："通过自己的劳动来承担过失，让我懂得了什么叫责任。"

宋姐爱心课堂

对于故事中小男孩打碎玻璃的行为，我相信很多的家长首先肯定少不了一顿训斥，随后便赔给邻居家玻璃钱，然后这件事情也就过去了。如果这样的话，又有什么意义呢？我们应该像上述父亲一样，抓住每一次教育孩子的机会，孩子所犯下的错误应该由孩子自己承担。

在今天的中国，很多孩子都是独生子女，家中娇生惯养，责任感缺失。他们只顾自己，不管别人，甚至连自己的父母也从不去关心，其实并非是他们不想去关心，而是他们没有关心别人、爱护别人的意识。

以前，中国大多数的家庭都是多子女的家庭，生活水平不是很高，父母对于孩子的宠爱比现在要少很多，孩子的责任感可能会在自家兄弟姐妹之间的生活与学习活动中得以体现。比如，哥哥、姐姐都会将好吃的、好玩的让给小弟弟、小妹妹；在干活的时候，哥哥、姐姐会多干一些活等。每个人都要扮演一定的角色，长幼有序。每个人的责任不同，义务也不同，责任感也就逐渐地建立起来了。

而现在，父母、祖父母、外祖父母就只有这么一个晚辈，结果自然是悉心照顾，宠爱有加，根本没有让孩子尽什么义务。等孩子长大之后再培养，就已经太晚了。独生子女性情冷漠、责任感缺乏已经成为当今社会的普遍现象了。

哈佛支招DIY

培养孩子的责任感应该从心理科学中找寻答案：教育心理学专家告诉我们，要想培养孩子的责任感，一定要给孩子一个属于自己的小天地，让他能够行使自己的权利，尽自己的义务，担负起自己的责任，千万不要将孩子视为自己的一部分，包办一切事务。

● 家庭应具备良好的民主气氛

若想有效地培养孩子的社会责任感，首先就要求家庭应该具备良好的民主气氛。在平常的时候，父母应该多与孩子讨论所接触到的各种信息与问题，鼓励孩子发表自己的见解，用日常生活最为常见的、涉及伦理道德等问题的事例，引导孩子对社会现象独立作出正确的解释。倘若孩子的观点是不正确的，也不可急于打断，或者立即给予批评。

● 强调孩子的主体作用

瑞士著名心理学家皮亚杰认为，孩子在学习过程中，绝对不是完全被动的角色。对于一种现象，倘若与他们心中原本有的解释未曾出现矛盾，他们就不会接受新的解释。所以，孩子是不会从父母的武断说理中获得好处的。父母应该抓住一些社会现象让孩子自己去分析，提出问题之后，让他们用自己的理论去解释，等他们解释不了了，父母再发表自己的意见，然后与孩子一起探讨，直到孩子接受父母的观点。

● 多让孩子帮帮忙

父母经常请孩子帮忙处理一些家庭问题与社会事务，这也是培养孩子社会责任感的有效方法之一。在公交车上，一位女士抱着一个小女孩，靠在十四岁的儿子的身边。她的儿子因为承担着成年男子的责任而显得非常自信而严肃，他细心而周到地照顾着自己的母亲与妹妹，这种表现甚至与他的年龄有些不太相符。很多孩子早熟都与生活的环境有着很大关系，适当地让孩子承担一些家庭与社会的责任，对他们社会责任感的形成有着很大的帮助。

哈佛小语 ♡

哈佛教育专家认为，责任是上天赐给世人的一种考验，很多人没有通过这场考验，逃走了；有些人承受住了，给自己戴上了皇冠。逃跑的人最后去逝了，从此在世上了无痕迹；而承担的人最后也去逝了，但是他们的精神却永存不朽。

一个人如果没有恒心和毅力，做事情的时候就容易半途而废，很难取得成功。其实，孩子不仅在学习艺术的时候容易受到困难的困扰，在学习其他知识的时候，也非常容易被困难吓倒，最终选择放弃。因此，父母应该在孩子小的时候就培养他们这种坚持到底、持之以恒的精神。

——[美]哈丽叶特·比切·斯托夫人

🕐 阅读时间：<u>30</u>分钟　　🎓 受益指数：★★★★

坚持就是一种责任感

做一件事，只有坚持到底才能取得成功。很多人开始的时候信心满满，但是在中途遇到挫折时，总会感到失望和不安，有时甚至会丧失信心，这几乎是人性的弱点和缺陷，更是责任感、责任心匮乏的体现。此时，决定成败的关键因素就是人的恒心和毅力。

故事的天空

艾薇尔的思维很活跃，想法和爱好也很多，总是冒出很多新奇的想法，但是只持续了一段时间，很少坚持做完一件事。

因为艾薇尔自己喜欢钢琴，于是妈妈给她报了学习班，开始的时候进步很快，而且弹奏得比较好，但是当老师让她回家不停地练习的时候，她却认为一直弹奏一首曲子很枯燥，没有突破。而且，让人更难熬的是，弹琴并不是练习就会进步，实际上会出现很长时间的停滞不前，甚至会退步。遇到这种情况，只有学习者拥有足够的恒心和

毅力，继续努力练习，才能够攻克难关，取得进步。但是有很多人就是在这个阶段放弃了，因为对停滞和退步无法忍受，失去信心，没有坚持到底，最后功亏一篑。

艾薇尔已经学习了好几年钢琴，在这个过程中，她遇到过许多困难。有一次，艾薇尔直接用拳头捶钢琴，妈妈听到之后，赶紧坐在女儿旁边。

"艾薇尔，和妈妈说说你怎么了？"妈妈关切地问。

"我不想再学钢琴了。"艾薇尔非常生气地说。

"为什么突然有这种想法？"艾薇尔没有说话。

"难道你不喜欢音乐了吗？"妈妈接着问。

"是的，我不喜欢了。"艾薇尔赌气地回答。

"艾薇尔，你并不是真的不喜欢弹钢琴了，你先考虑一下，我们再谈这件事，好吗？"妈妈认为这件事不能着急。

没多久，艾薇尔凑到妈妈身边，"妈妈，其实我还是想学琴的。只是有时候觉得太难了，我可能永远都学不好。"她小声地说道。

妈妈为了让艾薇尔从糟糕的状态中走出来，给她讲了很多的道理，让艾薇尔明白了，如果想要学习好钢琴，最重要的是要有恒心和毅力。因为每个人都会遇到难关，只有一直坚持下去才能成功，没有其他的捷径可走。

宋姐爱心课堂

艾薇尔的表现其实也是代表了大多数孩子的现状，那就是没有恒心，做一件事情并不能坚持下来。面对这一情况的时候，有些家长则是任其发展，而有些家长则像艾薇尔的妈妈一样，给予及时的引导，最终使得艾薇尔明白了坚持的重要性。只有学会坚持，才能最终做成一件事情。

其实孩子的耐性是有限的，2岁的孩子在一件事情上最多只能坚持5分钟，4岁的时候达到10分钟，5～6岁的时候达到15～20分钟。

对于孩子来说，他们还小，还不能理解父母口中所谓的"责任"究竟有多重，所以不能怪孩子不能坚持，而是家长要学会培养孩子的恒心。比如孩子学习某种乐器，开始的兴趣只是自娱自乐，当他真正学起来的时候才发现有些东西一直制约着他，从而失去了兴趣。这时父母可以及时引导他并适时地鼓励夸赞孩子，这样能够锻炼孩子的恒心。

莫扎特曾经说过："别人都以为我的成就完全来自我的天赋，其实这种说法不对。我有这样的成就，完全是靠我的努力和恒心。"莫扎特这样的音乐大师都认为是努力和恒心让自己取得成功的，更何况是一个普通人呢？所以，我们不仅要学习他的音乐，还要学他那种持之以恒的精神。

哈佛支招DIY

坚持是每一个孩子都应该具备的优秀品质，更是责任感的最直接体现。想要培养孩子的责任感，让他从小就有毅力，家长需要做的还有很多。

●不要对孩子说这样的话

家长要注意，当孩子遇到挫折时，要注意鼓励孩子，而不是对孩子说这些话：你很没用！连这点小事都做不好！再不努力，就会被别人比下去了！

●教会孩子把事情分步骤来做

把事情拆开来，一点点地做，每天只要完成一个步骤就好，不要对过程过于苛刻，只要孩子按照约定完成了该做的事情，就要给予肯定，每天还要鼓励孩子第二天继续坚持。这样下去，孩子的信心就会增强。

●坚持完成一件事，给孩子奖品

当孩子坚持完成一件事情时，适当地奖励孩子奖品，比如一块糖。每次孩子得到奖品时，还要不断地鼓励他、称赞他，鼓励他尝试其他的事情。

●准备几个坚持的故事讲给孩子听

准备几个与尝试、坚持、努力有关的故事，当孩子遇到挫折的时候，说给孩子听，孩子就会树立模仿的目标。向孩子灌输"坚持下去，就会有收获"的观念，面对问题，要勇于挑战。

●父母要教会孩子调整心态

首先父母的心态要好，要告诉孩子生活中处处充满挫折，不能一直保护孩子，而是让孩子坚持自己处理问题。

哈佛小语 ♡

哈佛教育专家认为，不要因为心疼孩子、娇惯孩子，就放任孩子，一定要利用机会培养孩子的恒心和毅力，让孩子体会到持之以恒的重要性。

父母和孩子要时常交流

和孩子推心置腹的交流，就是心与心之间的展示。

——[苏联] 温·卡维林

⏱ **阅读时间：** 25分钟　　🎓 **受益指数：** ★★★★

与孩子及时沟通

目前，复杂的社会环境和过大的学习压力都远远超出了孩子的负重能力，所以，相较于成年人来说，孩子更容易出现"心理危机"，如果不能及时地疏导，孩子就会形成心理或品格上的缺陷。为了让孩子的身心健康发展，养成良好品格，家长应该适时和孩子沟通，让沟通成为相互间情感交流的桥梁，为孩子品格的发展保驾护航。

故事的天空

杰克今年已经6岁了，一直以来是父母和老师眼里的好学生。可是有一天，杰克的妈妈接到班主任打来的电话，说是杰克这几天经常旷课，一到上午第四节课，人就没影了。杰克的妈妈很是生气：旷课可是一个非常严重的问题，绝对不能纵容！这样想着，杰克妈妈阴沉着脸站在家门口，等着杰克回家。

杰克刚走到家门口，妈妈就很是严厉地问道："这几天你旷课都做什么去了！"说完，也不听杰克的解释，对着他就是一番严厉的斥责，最后还让杰克写了一篇1000字的认错书，以此反省。从始至终，杰克妈妈都没有给他说话辩解的机会。

其实，杰克前段时间认识了一位老奶奶，这位老奶奶没有儿女，前两天又摔伤了，于是杰克每天第四节课便逃课为这位老奶奶买饭。而自从杰克妈妈训斥了他之后，杰克更省下自己的饭钱，再加上自己的零花钱，给老奶奶买了一个保温盒，每天放学后他才给老奶奶去送饭，而他自己却渐渐消瘦下来。

杰克的做法本该是受到父母表扬的，可是杰克的妈妈却连一个交流的机会都没有给杰克，最后使得杰克只能采取省饭钱的方法帮助老奶奶，而使自己的身体健康受到了损害。

上面的事例说明，有些家长因为忙于事业而忽略了孩子的成长，对孩子的事情不管不问，每天所在乎的只是学习和分数，从来不会询问孩子内心的想法。有些家长因为孩子不听话，还会采取恐吓、冷落等"语言暴力"来解决问题。换位思考一下，如果我们遇到了这样的家长，那么我们会愿意拿出诚意和他们好好交流一番吗？

所以，家长要和孩子建立优良的交流关系，用心去经营彼此间的信任，这样才能够对孩子的心理状态进行及时疏导和调整，才能够缓解孩子内心的愤怒、恐惧、迷茫、悲伤、尴尬、失落等负面情绪，引导孩子走出内心深处的阴霾。

哈佛支招DIY

卡耐基是人际关系学大师，他所总结的与人沟通的方法主要有：用心聆听对方的意见；总结对方话语中的要点；不要直接批评对方；适时说出自己的意见。如果家长们能够按照这个原则，和孩子进行交流，相信也会取得不错的效果。

在和孩子进行沟通的时候，要做好万全的准备。

● 了解孩子的人格类型

孩子是喜静还是好动？是顽皮还是乖巧？是喜欢模仿榜样还是更喜欢通过自我意志进行自律？这些问题都是你需要了解的，只有了解这些，你才能够选择正确的沟通策略，这样孩子们才喜欢和你交流，对你的意见他们也会更容易接受。

●了解孩子的身心特点和品格教育

教育是一门学问，要想让孩子受到最好的教育，父母必须有能力引导孩子正确的发展，及时发现发展中的问题，尽早解决。不同年龄段的孩子，身心发育也有很大的差异，会出现不同的问题，所以这就需要家长及时获取孩子的成长信息，对问题进行针对性的判断和分析。如果这个问题连家长也无法解决的话，可以求助于专家。

●更改说话的习惯

父母和孩子之间的交流，尽量不要用命令的语气，这会让孩子很不舒服。如果将主语换成"我"的话，那么情况就会不一样了。比如，"这件事情你竟然没有和我商量，让我很是伤心。"哈佛大学教授指出，用这样的语气和孩子沟通，可以避免激起孩子的反抗心理，还能够让孩子反省自己不好的行为，并且督促他们加以改正。

●进入孩子的世界

大人们的世界会让孩子很是紧张，他们会像备战一样提防着大人的一举一动，更别提听从大人的教导了。所以，要想和孩子进行沟通，就必须走入孩子的世界，这样孩子才会放下心里的戒备，迎接你这位"客人"。家长和小孩子沟通不必每次都耳提面命，你也可以去了解孩子喜欢的乐队，孩子喜欢读的书籍。这样下来，说不定哪天，这个小主人会主动邀请你去"家里"做客呢！

●适时采取"迂回政策"

孩子们和大人一样，都需要有自己的情感空间，他们需要有一个地方来反省、平复自己的情绪，而这个时候也不是最佳的交流时机。聪明的父母应该选择"迂回政策"。例如，给孩子买点他平时喜欢的点心，给他一个轻轻的拥抱，拍拍他们的小肩膀。这些就足够让孩子感受到你的关怀和尊重。孩子最大的感情依靠就是父母，当孩子理解到父母这种爱意之后，下一次，他们就有可能将自己的想法主动说给你听了。

哈佛小语 ♥

哈佛教育专家认为，家长应该尽可能地了解孩子，与孩子沟通，而不是选用责骂的方式。尽可能地设身处地地为孩子想一想，他们这么做的原因是什么，了解他们内心的想法，这要比批评责骂有用得多。

人们应该相互理解，相互尊重。

——[苏联] 高尔基

⏱ 阅读时间：<u>25</u>分钟　　🎓 受益指数：★★★★★

善于倾听孩子的心声

在很多家长眼中，孩子不过是不谙世事的顽童，除了吃喝玩乐之外，不可能像成人一样做出准确的思考。也正是因为这样，父母经常会忽略孩子的言行举止，忽略他们心灵深处的声音。

🧒 故事的天空

美国有一档非常著名的亲子节目，是让家长带着孩子来参加的。

有一次，一个爸爸带着自己的小儿子来参加节目。在节目的直播现场，主持人问孩子："如果你和爸爸乘坐的飞机在空中飞行的时候突然没有油了，而飞机上只有一个降落伞，这时候你会怎么办？"

孩子听完之后认真地回答："我会带着降落伞跳下去！"

观众们马上哄堂大笑起来，有的人说这个孩子不懂事，有的人说这个孩子丝毫不顾及爸爸，然而却没有人注意到台上孩子的反应。

主持人也笑了起来，但这时他却发现孩子的脸上并没有笑容，而是很悲伤的样子。于是就带着疑问追问道："你为什么要自己跳伞逃生呢？"

孩子认真地说："我没有要逃跑，

中国航油

全面解读哈佛大学智能教育经典

我是要下去拿油，我会回来的！"

主持人继续问："可为什么不让爸爸去拿油呢？"

孩子又说："爸爸年纪大了，他心脏不太好，不能跳伞。我还小，跑得也快，还是应该我去拿。"

听完孩子的回答，哄堂大笑的人们再也轻松不起来了。

宋姐爱心课堂

看了上则故事，我们还觉得自己真的了解孩子吗？我们真的有耐心去倾听孩子的心声吗？如果主持人没有接着问下去，那么人们会不会以为小男孩很自私或者是"童言无忌"呢？有些时候，孩子看似幼稚的语言或者是动作，其实有很多值得大人去学习的地方，关键就在于你要学会倾听孩子的心声，学会和孩子交流，而不是用大人的观点直接否定孩子。

家长的认真倾听会在无形中给予孩子尊重。在彼此尊重的前提下，交流和沟通自然也就很容易了。学会倾听孩子的心声，也在侧面告诉孩子应该要怎样去倾听别人的心声，这也是培养孩子交往能力的一个前提。

善于倾听孩子心声的父母，会受到孩子的尊重和爱戴。如果家长愿意做孩子的倾听者，那么孩子就会自己选择信任你，也会把心中的秘密告诉你。而且孩子也会学着倾听父母以及身边人的心声，在交往的时候便于把握尺度。在教育孩子的过程中，每种教育的实施和开展都不是让孩子放任自流，自由发展。

哈佛支招DIY

虽然很多家长能够做到无微不至地关心孩子，但是很多家长却都做不到尊重孩子，不允许孩子发表不同的意见。家长的"独权"，不仅对孩子的成长十分不利，还会引起孩子的反感。

●尊重孩子，让孩子有满足感

倾听孩子的前提条件就是要尊重孩子。家长需要明白，虽然孩子很小，但也是家庭中的一员，他们有得知真相、明白事理的权利。孩子的想象力丰富，见识面却比较窄，因此不管孩子的话多么幼稚，家长都要耐心倾听。在家庭活动中，家长要极力创造一种能够让孩子自由吐露心声的气氛，凡事要征求一下孩子的意见，这样孩子就会有被重视的感觉，会让孩子产生与家长站在同一平等位置的满足感。

● 注意倾听分析孩子的愿望

家长在倾听孩子的愿望时，要注意分析孩子的愿望，鼓励、引导其中的积极部分。如果孩子有了不恰当的想法，父母要用摆事实讲道理的方法，引导孩子提高认识。如果孩子依然疑惑不解，可以暂时允许孩子和父母有不同的观点，等到恰当的时候再进行引导。

● 召开家庭会议，让孩子说出"心里话"

家庭会议是家长倾听孩子声音的最好方法，也是家庭成员之间进行感情交流的桥梁。经常举行家庭会议，让孩子在会议上说出自己的心声，长期下去，亲子关系会变得更加亲密。在召开家庭会议时，要注意自由、平等，家庭会议上没有家长威严的身份和不容侵犯的家长地位，这样孩子才会积极地参与进来，敞开心扉，畅所欲言。

在家庭会议之前，可以让所有家庭成员在自己的笔记本上写出对他人的意见和建议，让孩子讲述最近发生的事情，并让孩子自己评价哪些事做得好，哪些做得不好，然后选出一个公认的大家长来解决和安排所有的家庭事务，孩子也可以被选为家长。通过心平气和的交谈，可以更好地消除家人之间的心理隔阂，化解彼此的矛盾。通过家庭会议，也可以让孩子学习处理问题的方法和态度。

此外，除了家庭会议的方式，哈佛教授建议家长还可以带着孩子去户外活动，到一些景色优美的地方，与孩子进行交谈，倾听孩子的心声。因为这样的环境会让孩子与家长之间的交谈变得更加自由。

哈佛小语 ♥

哈佛教育专家认为，倾听孩子的心声，就会与孩子成为朋友，孩子对家长就可以无话不谈。与孩子一起玩游戏、尊重孩子、善待孩子的朋友等都可以让孩子信任家长，告诉家长自己真实的想法。

高度的自尊心不是骄傲、自大或缺乏自我批评精神的同义词。自尊心强的人不是认为自己比别人优越，而只是对自己有信心，相信自己能够克服自己的缺点。

——[苏联]伊·谢·科恩

⏱ 阅读时间：<u>30</u>分钟　　🎓 受益指数：★★★★★

学会尊重孩子

父母要学会尊重孩子，如果孩子犯了错误，要在互相尊重的前提下给孩子正确的建议，让孩子能够认识到自己的错误，改正自己的行为。一味地迁就和满足孩子的一切要求不是尊重孩子的方式。父母要弄清楚什么是对什么是错，要采取正确的方式纠正孩子的错误，这才是真正尊重孩子。

故事的天空

有一个单亲爸爸，独自抚养6岁的儿子。一次，因为要赶火车，没有时间陪孩子吃早饭，他就匆匆离开了家门。一路上他总是担心孩子有没有吃饭，会不会害怕。即使到达了出差地点，也不时给家里打电话。

孩子很懂事地告诉他，自己很好，爸爸不用担心。但是他的心里却依然放心不下，不得不草草地处理完手头上的事情，赶回了家。回家的时候，看到已经熟睡的孩子，他才松了一口气。不过，就在他准备睡觉的时候，突然发现在

棉被下面，居然有一碗打翻了的奶！

"这孩子！"他的火气噌地升了起来，朝着正在熟睡的儿子的屁股就打了过去。"为什么这么不乖，要惹爸爸生气？为什么这么调皮，把棉被弄湿？"这是妻子过世之后，他第一次打孩子。

"我没有……"孩子哭泣着说道，"我很懂事，没有调皮，这……这是给爸爸留的晚饭。"

原来孩子特地热了两碗奶，自己喝了一碗，给爸爸留了一碗。可是因为等了半天爸爸都没有回来，担心爸爸那碗奶凉了，就放到了棉被底下保温。

爸爸听完之后，沉默地抱紧了孩子。看着碗里剩下的半碗奶，心里感叹道："这是世界上最美味的东西啊！"之后，他真诚地给孩子道了歉，欣慰地喝完了那半碗奶。

宋姐爱心课堂

爸爸刚开始并没有问明原因，便把儿子给打了一顿，然而在他知道儿子做这件事的原委后，很诚恳地向儿子道歉了，这样一来，也就维护了孩子的自尊心和一片孝心。

即便孩子再小也有他们的尊严，如果父母错怪了孩子，要勇敢地向他们道歉，这是尊重孩子最简单也是最好的方式。

孩子内心都是渴望被尊重的，家长不要用自己的威严来规范孩子。要学会用平等的方式，来对待孩子，这样孩子就自然会按照家长的言行来要求自己；尊重你的孩子，也是在教会孩子要怎样尊重他人。如果家长只是一味地用威严来规范孩子，这样会让孩子的天性和创造力被束缚，孩子很多有趣的想法和创意都得不到很好的发展。家长在教育孩子的同时要尊重孩子的意见，让他们能够自由发挥，有自己的决定权。

哈佛支招DIY

家长总是不自觉地会在孩子面前展现出威严，对于尊重孩子，有些家长不知道怎么改。那么到底要怎样尊重孩子呢？哈佛教育专家给出了以下几点建议。

●尊重孩子，首先要接纳孩子

不管孩子是否调皮，或者是否达到大人的期望，都要无条件地接纳孩子，不要让孩子产生自己被抛弃的感觉。父母要经常自我反省一下，是不是自己对孩子总是持着一种批判的态度？如果有的话，要及时改进，因为这种态度会让你过多地指责孩子，失去与孩子一起玩耍的乐趣，而且会让孩子产生压力。

●不要在别人面前指责孩子

任何人都不要随意做出损害孩子自尊心以及人格的事情。父母不要当着他人的面对孩子说"你真笨"这样的话。而且，批评孩子的时候应该就事论事，也就是说批评的时候，不要涉及孩子的人格，可以对孩子说："你今天做的事让我很生气……"但是不要说："你是个傻瓜，居然干出了这样的事……"

●尊重孩子一些合理的决定

当孩子做出一些决定的时候，如果得到了你的同意，他就会感觉自己受到了尊重。同样，家长要懂得在做一些小事的时候询问孩子的意见，比如，"你今天要吃黄瓜还是吃西红柿啊？"听到这样的询问之后，孩子同样也会感到受到尊重。

●对孩子说明理由

家长如果要求孩子服从，就一定要向他解释理由。这样才能向孩子说明你不是独裁、武断的，而是有理由才会这么做的。

哈佛小语 ♡

　　哈佛教育专家认为，孩子希望能够得到平等对待，也渴望家长的尊重。家长需要懂得尊重孩子的意见，这样才能培养孩子的独立精神，让孩子学会自己做决定。只有家长尊重孩子，才能保护孩子的自尊心以及培养他积极乐观的态度。如果家长不尊重孩子，很可能会造成孩子行为不良，形成自卑、退缩等不好的品质。

科学纠错，让孩子勇往直前

孩子犯了错误就要及时地纠正，如果因为一时的容忍，就会放大祸乱，造成不可避免的危险。

——[英] 威廉·莎士比亚

⏱ 阅读时间：25分钟　　🎓 受益指数：★★★★★

帮助孩子纠正错误

孩子对于事物的认知性不全面，作为家长，应该及时指出孩子的错误行为、语言或者动作，并且加以纠正和引导。如果家长一时容忍这种错误，那么就会对他们日后的成长带来不良影响。

故事的天空

玛丽今年4岁了，不知道她从哪里学的坏习惯，时不时地会骂出一些脏话。玛丽的妈妈也发现了这个现象，非常吃惊、气愤。

她心想：平时，我和玛丽的爸爸都很注重对玛丽的道德培养，在她的面前，我们也会时刻注意自己的言行，孩子从小也很懂事，可是为什么现在会有这样的坏习惯呢，这可怎么办呢？不行，我必须及时纠正玛丽的错误。

于是，她将玛丽叫到跟前，平心静气地说道："玛丽，你一直都是一个好孩子。你能告诉妈妈，为什么你最近总是时不时地骂脏话啊？"

玛丽低着头回答："我们班的麦克经常这么说，我感觉很酷，就学了。"

玛丽的妈妈抚摸着玛丽的头说道："玛丽，骂脏话是一种很不礼貌的行为，好孩子都不会做的，大家都不会愿意与喜欢骂脏话的孩子一起玩的。所以，玛丽，你是不是想拥有很多小伙伴呢？那么，你以后就不能再说脏话了哦。"

玛丽望着妈妈用力地点了点头。

妈妈笑着说："这才是我的乖孩子！"

宋姐爱心课堂

每一个孩子都不可避免地会犯一些错误，在孩子犯错的时候，父母应该采用合适的方式去纠正孩子的错误。就如同故事中的玛丽妈妈一样，她并没有对玛丽打骂，而是从小朋友都想要很多小伙伴的心态出发，让小玛丽改掉了骂人的不良习惯。

孩子在成长过程中都会存在情绪的不稳定性和价值观的善变性，他们可能会在一夜之间改变自己的行为方式。所以，作为父母，最应该做的就是多关注孩子的成长，及时发现内在的问题，及时采取适当的措施，以便根除或者减少不良因素对孩子的影响。

家庭对于孩子成长的影响是毋庸置疑的，但学校、朋友、社会等对孩子的影响也是不容忽视的。

现在，孩子在幼儿园的时间要比和父母相处的时间多得多，那么他们的行为习惯就会受到幼儿园环境的影响。比如，幼儿园的老师的一言一行都会对孩子产生很大的影响。所以，充分了解和孩子接触的老师也是有必要的。

"近朱者赤，近墨者黑"，孩子小伙伴的影响同样很重要。孩子在团体中成长，或多或少地都会被团体成员所影响。所以家长就有责任和义务帮助孩子树立正确的友谊观念和集体观念，有辨别是非的能力，能够分辨出谁才是真正的朋友。

在现代社会中，媒体对孩子的影响也越来越大。很多影视剧里面的内容并不适合孩子观看，有些凶杀、背叛、复仇等反面题材，会影响孩子道德观念的形成，甚至有的孩子还会主动进行模仿等。

所以，家长要及时引导孩子观看一些青少年节目，或者是益智的节目。如果孩子已经养成了不良的行为习惯，作为家长应该及时地进行纠正。

此外，孩子还会因为羞愧、愤怒、嫉妒等不良情绪的影响而做出一些不好的事情。这个时候，家长不可责骂孩子，否则会给孩子带来更大的伤害，进而演变成心理问题。在这种情况下，家长要采用"安慰—交流—理解—反思"的方法，来帮助孩子认识到自己的错误，并且让孩子学会控制自己的情绪。

哈佛支招DIY

如果你的孩子经常犯错，而且还屡教不改，作为父母应该怎么做呢？我们不妨先来看看哈佛教育专家的意见吧。

●让孩子知道犯错的原因

我们都知道，在成人世界中都讲究以理服人。其实，在孩子的世界中，这同样是顺利沟通与交流的一大要素。如果孩子犯了错，父母不要张口就是"你怎么这么不听话""真丢人"等责备性的话，而是应该让孩子知道他错在了哪里、为什么错了、正确的应该怎么做。

●底线要提前设定

孩子第一次犯错误的时候不要惩罚他，因为这有可能让孩子变得畏手畏脚，有叛逆心理。刚开始时家长要耐心劝解，给孩子设定一个底线，如果孩子突破了这个底线，家长就应该让他学会担当责任。

●关注孩子的情绪

面对惩罚，孩子的心里可能会有恐惧和自责的情绪。所以，在惩罚孩子的时候也要给予适当的支持，让孩子意识到你是因为爱他才让他受到惩罚的。

●要适度地惩罚

孩子犯错误，父母可以给予惩罚，但是一定要注意分寸。因为惩罚孩子不是目的，而是让孩子记住错误的教训，以便以后不再犯同类的错误。天下的父母们，不要让你的惩罚太过分，以致将教育演变成了纯粹的伤害。

哈佛小语 ♡

哈佛教育专家认为，孩子在成长道路上，能力是否能够增强，是由他自身改正错误的能力决定的。

人类最不道德的地方就是说谎和懦弱。

——[苏联] 高尔基

⏱ 阅读时间：30分钟　　🎓 受益指数：★★★★★

孩子不承认错误怎么办

美国教育学家认为，孩子犯了错误之后，最难过的其实就是他自己，除了担心受到父母的惩罚外，他们也会因为后悔或者是不知所措而下意识地不愿意承认错误。如果家长能够很好地理解孩子这种心理，并且以此为突破口进行引导教育，就能够取得很好的效果。

🧒 故事的天空

贝克的儿子爱德华不小心打破了家里的窗户，可是不管贝克怎么询问，爱德华就是不愿意承认自己的错误。

贝克并没有打骂爱德华，而是找来了一张白纸，在白纸上滴了一滴墨迹。当着爱德华的面，贝克把白纸折了起来，挡住了白纸上的墨迹。

贝克问爱德华说："你现在还能够看见墨迹吗？"

爱德华摇了摇头说没有。

贝克继续问道："那么白纸上的墨迹到底还有没有呢？"

爱德华犹豫了一下，迟疑地点了点头。

贝克看着爱德华的眼睛，说道："当人们犯了错误的时候，心中总会想要将这个错误掩饰过去，希望自己还是如同白纸一样纯洁无瑕，于是他们便对家长说了谎话，就好比这张折起来的白纸一样，虽然将墨迹掩盖住了，但是人们还是知道上面有墨迹的。"

爱德华低着头不再说话，贝克停了一会儿，继续说道："实际上，人们的这种做法根本就不能将白纸上的墨迹除去，相反，他的不诚实却给这张白纸又添加了一片墨迹。爱德华，那你认为，犯一个错误好，还是两个错误好呢？"

"当然是一个，" 爱德华上去抱着贝克，小声地说道，"爸爸，那块玻璃是我打碎的，我知道错了。"

贝克和蔼地拍了拍儿子的肩膀，随后又把那张白纸放在桌上摊开，在墨迹的周围又添加了几笔，那片墨迹瞬间变成了一朵绽放的小花。

"爱德华能够勇敢地面对自己的错误，真的很棒呢！其实我们每一个人都会犯错，但是只要我们能够勇敢地承认错误，那么爱你的那些人都会帮助你改正的。这样一来，白纸上的污迹也就变成了一朵美丽的小花。"贝克一边说着一边拉住爱德华："好啦，现在爱德华要和爸爸一起去换一块新玻璃，好吗？"

爱德华微笑地点了点头。

🎎 宋姐爱心课堂

贝克可谓是一个明智的父亲，他得知爱德华说谎后，并没有像其他家长一样，对其谩骂甚至殴打，而是采用了一个简单而有效的举动，让爱德华认识到了自己的错误，从而改正错误。试想一下，如果下一次爱德华再犯错误的时候，他还会像这次一样支支吾吾，不敢承认吗？

在现实生活中，有的家长可能遇到过这样的情况：孩子犯了错，但任凭你怎么说，他都不肯承认。于是乎，生气且性急的家长就会严厉地批评孩子，甚至拳脚相加。这种做法不仅不能使孩子认识到自己的错误，而且还可能会给孩子的心理留下阴影。

很多孩子犯了错之后，出于一种自我保护的心理，本能地不肯承认错误，以便逃避家长的惩罚。面对这种情况，家长千万不要着急，不要用"狠狠的惩罚"来逼迫孩子就范。因为这不仅起不到任何效果，还会让孩子在下一次犯错的时候，寻找更"高明"的理由来躲避责罚。所以，家长要选择冷静对待，采用合理的方法教育孩子，让孩子从内心认识到自己的错误，并心甘情愿地去改正。

👧 哈佛支招DIY

当孩子犯了错却矢口否认你对他的"指控"的时候，你是不是非常愤怒？先不要着急上火，否则，怒火会影响你的决断，可能会让你做出错误的决定。当孩子拒绝承认错误的时候，父母应该怎么做呢？哈佛教育专家建议父母们从以下几个方面下手。

●建立信任感，让孩子愿意敞开心扉

信任感在亲子关系中是非常重要的。如果父母与孩子之间没有彼此的信任，那么就不会有有效的沟通和教育。认错需要勇气，孩子不敢承认错误，可能是因为害怕承担后果。父母比较明智的做法就是，给予孩子充分的信任感与安全感，告诉孩子人难免会做错事情，只要改了就是好孩子，从而避免孩子产生畏惧感与不信任感。在此基础上，家长进一步引导孩子改正错误将会事半功倍。

●保持冷静，有理有据地纠正孩子的错误

在孩子做错事情的时候，除了不可以随便诱导和轻易地做出承诺之外，也不要不问青红皂白就直接进行批评指责，这样很容易让孩子产生逆反心理。更何况有的错误是孩子在无意当中犯下的。倘若总是被错怪，孩子就会养成什么都不承认，努力寻找借口予以推脱的坏习惯。所以，在孩子犯错的时候，家长应该保持冷静，认真分析孩子的犯错动机，耐心地告诉孩子为什么错了、错在哪里等。另外，家长也可以引用童话、寓言故事等，有理有据地对孩子及时疏导，让孩子知道逃避错误不能解决问题，弄明白自己错在哪儿并且积极改正才是值得赞赏的行为。

●以身作则，敢于向孩子认错

在生活中，家长也难免会犯错误，不要为了所谓的面子，或者做父母的尊严就将认错视为一种非常丢脸的行为。相反，家长应该以身作则，平心静气地向孩子道歉，并且让孩子见证其改正错误的整个过程，这样的躬身亲为会让孩子明白每个人都会有犯错的时候，家长的模范行为会让孩子更加尊敬家长，也更加心悦诚服地改正错误。

哈佛小语 ♥

哈佛教育专家认为，孩子的是非观念没有完全形成，没有足够的责任意识与自控能力。不管是好习惯的养成，还是坏习惯的纠正，都需要家长耐心指导。

生命不可能从谎言中开出灿烂的鲜花。

——[德] 海因里希·海涅

阅读时间：25分钟　　受益指数：★★★★★

谎言是最致命的毒药

　　我们听到过不少家长对孩子许下的各种各样的诺言，也看到过很多家长不履行诺言的行径，或许这些家长并不是故意的，但是倘若家长三番五次对孩子言而无信，最终不管家长再说什么，孩子都可能置若罔闻或者狠狠地抛出一句："你说话根本不算数，你在说谎！"

故事的天空

　　有一天晚上，杰克心神不宁，没有办法安心睡觉。父亲就对他说："儿子，好好睡觉，起床的时候就给你买你最喜欢的奥特曼。"话音刚落，原来非常调皮的杰克一个翻身，闭上眼睛不再动一下，开始睡觉了。

　　几天都过去了，父亲却忘记了给杰克买奥特曼的事情，杰克一直显得非常不开心的样子，他时不时地看一看父亲，似乎有什么话要对父亲说。父亲对此感到有些疑惑，就走到他身边问道："儿子，你怎么了？"杰克犹豫了半天，才低着头小声地回答："你不是答

全面解读哈佛大学智能教育经典

应要给我买奥特曼吗？上次你也忘记了……"

父亲脸上一热，顿时感觉非常惭愧，连忙向杰克道歉，并且立即拿起钱包带着儿子一起去买奥特曼。

在路上，父亲真诚地请求了儿子的原谅，杰克脸上露出了开心的笑容。

宋姐爱心课堂

俗话说得好，"一诺千金"。父母对于孩子信守诺言，是爱与关怀的高度表现。杰克的爸爸便是真正关心爱护孩子的，他虽然忘记了答应儿子的事情，但是在儿子的提醒下，他认识到了自己的错误，向儿子道了歉，并且立刻给孩子买来了奥特曼，实现了自己的诺言。

在日常生活中，父母对于孩子的承诺普遍都存在"缩水"的现象，更有很多家长由于一些意外没有办法兑现自己的承诺。当家长遇到这种情况的时候，一定要向孩子解释原因，讲清楚道理，并且请求孩子原谅。在必要的时候，家长还应当放下"架子"，真诚地向孩子道歉。

孩子的思维都较为单一，他们比成人更加看重"承诺"与"诚信"，在与同伴进行交往的时候常常会因为不遵守"诺言"而失去友谊。倘若大人对孩子许下诺言而不兑现，又没有任何解释与说明，就会变成谎言，孩子就认为父母在撒谎，即便父母再用另外的更具有价值的方法对孩子进行奖励，孩子也不一定能够接受。

在孩子面前承认自己的错误并不是丢人，相反还能够在孩子的心目中树立起坚不可摧的威信，因为这是父母用身教在孩子心目中树立起来的榜样。如果父母因为工作或其他重要的事情而遗忘了自己的承诺，就一定要给予孩子适当的补偿，让孩子明白，父母是说话算数的人，从而培养孩子的这种品质。

哈佛支招DIY

对于孩子来说，父母是最值得信赖的对象。对于父母给予他们的承诺，孩子肯定会从父母说出承诺的那一刻开始，就一直在期盼着父母兑现的时刻。也许这件事在大人的眼中并不算什么，但是对于孩子来讲却意义非凡。如果父母经常违背自己的承诺，将会对孩子造成很大的伤害，让孩子从心理上不再相信父母，从而逐渐地远离父母。所以，哈佛教育专家提醒广大家长：谎言，比毒药更厉害。要远离谎言，身体力行地教育孩子。

●许诺一定要谨慎

家长的许诺是一种很重要的奖励方法，可以对孩子起到鼓励、促进与教育的作用，但是许诺的分寸倘若掌握不好，就会适得其反，带来很不好的后果。所以，家长在对孩子许诺的时候一定要谨慎、实在，最好能够保证所许下的诺言可以让孩子产生奋发向上的动力，促进其更好地完成任务。因此，家长在对孩子许下诺言之前必须慎重考虑：是否应该对孩子许诺，许诺之后是否能够兑现，这个诺言对孩子是否有益等问题。

●许诺时必须坚持原则

家长对孩子的许诺必须要把握分寸，不应该答应的事情，一定要坚持原则。比如，孩子吃饭、穿衣等自我服务性的劳动或者帮助家里做一些力所能及的家务活，这都是孩子应当承担的义务。所以，不能以免除孩子的劳动作为承诺的内容。

●监督孩子完成自己的承诺

说谎习惯的养成是一个循序渐进的过程。孩子第一次撒谎的时候没有被拆穿，没有被苛责，那么就会有第二次、第三次，以致逐渐养成坏习惯。所以一旦发现孩子的说谎行为，家长要立刻予以指正。

哈佛小语 ♥

哈佛教育专家认为，威信是一种无形的、潜在的教育魅力，无处不在地引导着孩子的健康成长。父母在孩子面前树立威信，对孩子适当地进行补偿是其中的一个原则，而"爱"则是父母树立威信的一个非常重要的砝码。父母爱护自己的孩子是天职，与此同时，也一定要让孩子了解、懂得父母对他们的爱。

改掉缺点，让孩子更加完美

外在的物质和虚荣并不能给你带来幸福和快乐，而是要依靠内心的高尚和正直。

——[法]罗曼·罗兰

阅读时间：25分钟　　受益指数：★★★★★

帮助孩子克服自私的心理

如果孩子一直用自私的心理考虑事情，以自我为中心，那么就会变得越来越冷漠，将他人的关心视为理所当然，做事情的时候只考虑到自己的利益，从不顾及他人的感受。这样的孩子并不是家长所期待的那样的。

故事的天空

一天，斯蒂文全家到海边度假，为了让6岁的儿子玩得更开心，他特地叫上了亲戚家的孩子锐杰，与孩子做玩伴。在度假村里，别人见到他们都十分羡慕地问："这两个都是你们的儿子吗？"斯蒂文很爽快地说："都是。"他看到儿子翻了一下白眼但并没有介意。

吃饭时，因为锐杰有点拘谨，斯蒂文就对他很照顾。这个时候，儿子突然醋意大发，用小脚踩着斯蒂文的鞋，并小声对他说："他不能自己照顾自己吗！"

晚上，儿子在与锐杰玩耍的时候，也不允许锐杰碰他的玩具。

第二天早晨，斯蒂文一行人准备下海游泳。锐杰快速跑向沙滩，当时沙滩上有很多游客，斯蒂文担心锐杰会受伤，就紧紧地追随其后。

没想到，他的行为惹怒了儿子。很快，儿子追上了斯蒂文，拽着他的衣襟狠狠地说："你是一个喜新厌旧的爸爸，你去追他吧，让他来当你儿子好了。"说完儿子就扭头向另一边跑去。

幸好斯蒂文的妻子追了上来，斯蒂文只好让妻子去追锐杰，自己则去追儿子。他对儿子说："你永远是爸爸妈妈的孩子，我们也永远是你的爸爸妈妈，这是无法更改的事实。刚才爸爸之所以会特别照顾锐杰，是因为他的父母都不在身边，我们既然带他出来玩，就应该负责他的安全。如果你和他的父母一起玩，而我们没有去，他们也会像我关照锐杰一样关照你的。"

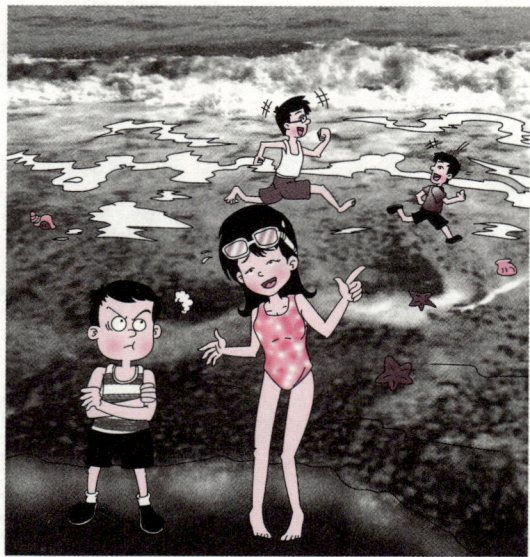

儿子听完这些话，静静地想了一会儿，才回过头来对斯蒂文说："那好吧，这次就算了，以后你与妈妈只能对我一个人好。"

事后，斯蒂文想了很久，一直想不通，为什么儿子会成为一个自私、小气的人呢？

宋姐爱心课堂

其实，斯蒂文儿子的这种表现很正常。儿童心理学家指出，孩子在5岁之前，因为心理发育还没有成熟，会本能地从自己的喜好和需要出发考虑问题，而很少会去关心别人的感受以及别人的意见。只要我们像斯蒂文一样及时开导孩子，那么我们所担忧的问题也就不会发生。

孩子自私心理的形成与家长错误的教育方式有着密切的关系。错误的教育方式主要有两种：其一是溺爱和纵容，对孩子的要求都毫无条件地满足，从而使孩子感到所有人都应该听从他的意志；另一种就是经常对孩子施加"语言暴力"，伤害孩子的自尊心，这样的孩子会对外界产生畏惧，躲在自己的世界里，从而产生自私的心态。

还有些孩子在家里懂得分享，可是一旦到了学校，在与其他的小伙伴交往的时候就表现得很自私、小气。造成这种情况的原因有很多，例如，邻居来家里借东西，父母不情愿、故意搪塞；想与别人一起玩，却遭到排挤和拒绝；借给别人的东西曾经被弄坏等。类似的反面榜样和不愉快经历都会让孩子的自私心理滋生。

哈佛支招DIY

在日常生活中，家长应该怎么做才能帮助孩子改掉这种自私自利的毛病呢？大家不妨试试哈佛教育专家给出的建议与做法。

●不给孩子"特权"

在家庭生活中要形成平等的环境，不要让孩子有独占或抢先的"特权"。这样才能让孩子认识到自己与其他成员的关系是平等的，要让他学会在看到自己的同时也要想到别人，懂得把好东西与大家分享。

●引导孩子关心他人

对孩子进行引导，让他明白他人的感受，也是一种很好的教育方式。例如当孩子外出时，家长可以对孩子说："要注意安全，不然爸妈会担心的。"家长如果能够利用生活中的各种事情，长期有意识地对孩子进行引导，就会潜移默化地影响孩子的思考方式，使他在考虑问题的时候，懂得考虑别人的感受。

●家长要注意言传身教

面对在家里大方而在外面自私的孩子，家长要做好榜样，注意孩子的心理变化，及时开导，告诉孩子分享不是失去而是互利。家长可以在家里举行聚会，让孩子去邀请同学参加，从而让孩子体会到与人分享的快乐。

●向孩子灌输博爱的思想

从"自利"到"互惠"是心灵的一次进步，在此基础上，家长可以给孩子灌输一种博爱的思想。例如，美国的一些父母就规定孩子要把零用钱分成三份：一份自由支配，一份用来投资，剩下的一份要用于慈善行为。在每个月的月末，家长就会与孩子一起把自己的善款捐给教堂或慈善机构。当孩子愿意为每个需要帮助的人伸出援手的时候，他的心里又怎么会有自私的阴霾呢？

哈佛小话 ♥

哈佛教育专家认为，没有人喜欢和自私的人一起共事，而让自己陷入不好的境地，最终落得自毁的下场。人们应该知道，凡是能够成就大事的人，他们都是做事坦荡、品格高尚的人，是能够克服内心自私的君子。

嫉妒者比任何不幸的人更为痛苦，因为别人的幸福和他自己的不幸，都将使他痛苦万分。

——[法] 巴尔扎克

⏱ 阅读时间：25分钟　　🎓 受益指数：★ ★ ★

🔖 引导孩子摒弃嫉妒的心理

　　嫉妒是一种不健康的心理状态，往往伴随着羞耻、猜疑、消沉、焦虑、恐惧、怨恨、报复等负面情绪。怀有嫉妒心理的人在与他人交往的时候会表现出强烈的排他性，从而造成沟通和合作的障碍。怀有严重嫉妒心理的人甚至会憎恨、诋毁或者报复嫉妒的对象，不但使他人受到了伤害，还会损害自己在群体中的形象。因此所有的家长都希望自己的孩子能够远离这种"损人不利己"的心态。

👦 故事的天空

　　新学期开始了，为了鼓励孩子们学习更多的生词，老师在写得好的同学的作业本上贴了漂亮的贴纸，并告诉孩子们："贴纸多的作业本可以放到展览角进行展览。"

　　迪兰是一个十分要强的孩子。听完老师的话后，他每天放学回家后都会刻苦学习单词，希望能够获得贴纸。但是因为之前不太喜欢学习，所以知道的词还是要比其他小朋友少。几天之后，迪兰的作业本上还是一个贴纸都没有。

全面解读哈佛大学智能教育经典

一天放学后，在教室里打扫的迪兰突然心生妒意，见四周都没人，就把展览角中的优秀作业本和老师裁好的贴纸都撕掉了。而这一切都被恰好经过的老师看到了。

老师并没有当场拆穿他或者斥责他，而是选择了静悄悄地走开。随后，老师找到了迪兰的父母了解情况，希望能够找到迪兰嫉妒心强的原因。经过了解，老师认为问题出在迪兰的父母身上。

迪兰有一个大他一多岁的哥哥，因为天资聪颖已经被哈佛大学录取。哥哥不但学习好，而且各个方面都很优秀，因此，从迪兰很小的时候，父母就习惯拿哥哥来做榜样"激励"迪兰。如果迪兰做错了题，爸爸就会说："这么简单的题也会错，哥哥像你这么大的时候每次都拿一百分。"有时候兄弟俩一起玩游戏机，父母会要求迪兰去学习，而哥哥则有继续玩游戏机的特权。

老师了解情况后，建议迪兰的父母要平等对待孩子，不要总拿哥哥与迪兰做比较。而老师也没有把迪兰撕毁作业本的事情告诉其他人，只说作业本是被她不小心弄湿的。然后，她还点名表扬了几个单词有进步的同学，里面就包括迪兰。后来，迪兰再也没有做过过激的行为，变得开朗、乐观，很爱帮助别人。

宋姐爱心课堂

很多孩子都有过迪兰的这种经历，每天听着父母说：谁家孩子考了一百分，谁家孩子很聪明等。而故事中，迪兰的父母经常夸赞考上哈佛大学的哥哥，这也是迪兰升起嫉妒心的主要原因。

科学研究证明，几个月大的婴儿就已经产生了类似于嫉妒的感受，并且通过行为表现出了这种情绪。六七岁的孩子表现出来的妒意是一种本能的情绪，大部分都是因为心智发育不成熟、缺乏安全感或者无法正确对待欲望而产生的。比如，父母热情招待来家里做客的孩子，有的孩子就会表现出不开心，故意与父母对着干，以便引起父母的注意；有的孩子看到别的孩子的玩具比自己的多，或者衣服比自己的漂亮，就会疏远、嘲弄别人，甚至前去"挑衅"，与别人大打出手。

一般来说，孩子产生嫉妒心理主要有下面几个原因：

第一，环境影响。如果在家里的时候，大人之间互相猜疑，或者互相看不起，或者当着孩子的面议论、贬低别人，就会在无形中影响孩子的心理。

第二，不适当的教育方式。有的家长经常会在孩子面前，拿自己的孩子与别的孩子进行比较，例如，你看谁家的谁比你强很多，这样会使孩子以为家长喜欢别的小朋友而不喜欢自己，由不服气而产生嫉妒。

第三，孩子能力较强，但是在一些方面比不上别的孩子。通常来讲，在各个方面都比较"弱"的孩子，会显得比较"安分"。因为他们已经习惯当"弱者"，对没有表扬或者表现的机会表现出了无所谓的态度。但是能力较强的孩子，会因为自己的能力强，却没有得到"重视"和"关注"，而对别的有能力的孩子产生嫉妒心。另外，每个孩子都有自己的长处和短处，有些孩子会因为在某些方面做得没有别人好，而产生嫉妒，特别是一些在家里经常受到表扬的孩子。

哈佛支招DIY

孩子产生了嫉妒心，家长可以在了解孩子嫉妒心理是如何产生的基础上，采用哈佛教育专家给出的方法。

●建立良好的环境

嫉妒心理的产生，虽然有多种原因，但是从根本来说，是因为孩子内部的消极因素和外部环境的消极因素相互影响而产生的。家长应该给孩子营造一种团结友爱、互相尊重、谦逊礼让的环境氛围，预防和纠正孩子嫉妒心理。

●正确评价孩子

每个孩子都喜欢受到鼓励和表扬。家长如果表扬得当，不仅可以巩固孩子的优点，还能增强他的自信心，成为孩子成长路上的"加速剂"；如果表扬不得当或者表扬过度，就会让孩子骄傲自满，进而瞧不起别人，认为只有自己好，别人都不如自己，甚至当有人说别人好，没有说他好时，他就会难以接受。这是因为孩子年龄小，自我意识刚刚开始萌芽，不能全面地看待问题，也不能正确地评价自己和别人。

孩子对自己的评价是以成人对他的评价为标准的，所以父母要懂得正确评价孩子，不能因为疼爱孩子就对孩子的品德、能力评价过高，让孩子对自己产生不正确的评价。家长要适当指出孩子的长处和短处，让孩子明白每个人都有长处和短处，人们之间应该互相学习。

●帮助孩子提高自己的能力

如果家长发现自己的孩子在一些方面不如别人的孩子，不要当面指责孩子，而要帮助他提高这方面的能力。如果家里有条件，父母可以请一位能力强的孩子来帮助孩子，这样不仅可以提高孩子的能力，还能增进孩子们之间的感情，克服孩子的嫉妒心理。

●对孩子进行美德教育

嫉妒往往产生在一些有能力的孩子身上，这些孩子因为自己有能力却没有得到关注和表扬，所以对那些得到了关注和表扬的孩子产生了嫉妒。因此家长在纠正孩子嫉妒心理的同时，要注意对孩子进行谦虚美德教育，告诉孩子"谦虚使人进步，骄傲使人落后"的道理。让孩子明白自己的优点不是为了得到别人的称赞而存在的，要虚心学习别人的长处，这样才能使自己更强。

●帮助孩子树立正确的竞争意识

有嫉妒心理的孩子通常都有不服输的性格。家长要引导孩子用自己的努力和实际能力来与别人竞争，同时要告诉孩子竞争是为了取长补短，更快地进步。在竞争的时候，应该光明磊落，不要有不正当的想法或做法。

哈佛小语 ♡

哈佛教育专家认为，家长一旦发现孩子表现出了对别人嫉妒的行为，就要及时地加以正确引导，化解孩子心中的不良情绪，把这种嫉妒心理消除在萌芽状态。如果任其发展，嫉妒就可能会发展成为一种品格缺陷，从而引起更加严重的不良行为。

骄傲能够伤害到任何人，最伟大的英雄也不例外。

——[法]雨果

⏰阅读时间：<u>30</u>分钟　　🎓受益指数：★★★★★

帮助孩子克服骄傲自满

对于"神童"，大家并不会感到陌生，这些孩子从小就天赋极高，小小年纪就取得了令人羡慕的成绩。如果家长教育得当，孩子的将来就会一片灿烂。但是并不是所有的"神童"都有一个美好的未来，因为很多"神童"没有用正确的、平和的心态来对待自己的"天赋"，在别人夸奖的光环下变得骄傲自满，结果最终变成了与普通人一样，甚至不如普通人的庸才。

故事的天空

爱丽丝从接触小提琴开始就一直很努力地练习，因此进步很快。一次，老师在课前检查学生们的练习情况时，爱丽丝的出色表现得到了老师的表扬。不仅如此，老师还让爱丽丝监督那些没有过关的同学练习。

在这之后，爱丽丝的妈妈发现女儿练琴时不再像以前那么认真了，自己纠正她的错误，她也听不进去，有时候还会偷懒。妈妈知道这是因为孩子的骄傲心理在作祟，但她并没有立即批评女儿，也没有强迫女儿练琴，而是希望女儿可以尝到失败的苦果。果然，在下一次检查练习时，爱丽丝的表现大

不如前，犯了好几个严重的错误，最终也没有过关。爱丽丝大受打击，回到家后委屈地哭了起来。

这时，妈妈认为教育女儿的时机已经成熟了。于是她拿了一只玻璃杯坐到女儿身边，然后将水注入了杯子里，直到注满为止。

"爱丽丝，这只杯子还能装进水吗？"妈妈问爱丽丝。

"当然不能。"爱丽丝不解地看着妈妈。

妈妈把杯里的水倒掉一半，然后又问道："现在能装进水吗？"

"当然可以。"爱丽丝回答说。

"上一次老师表扬了你，你就像刚才装满水的杯子一样，什么都听不进去，什么也学不进去，这就是骄傲自满。骄傲的结果是什么？只能是失败和退步！爱丽丝还想做装满水的杯子吗？"

听了妈妈的话，爱丽丝有所感悟，往妈妈的身边蹭了蹭，摇摇头说道："不想了。"

"那我们就把骄傲自满丢掉，就像杯子里的水倒掉一半一样，它便能继续装进水了。你要一直都像不满的杯子一样，谦虚好学，这样才能学到更多的知识，才能不断提高啊！"

爱丽丝重重地点了点头，然后拿起小提琴："我现在就把拉错的曲子再练习几遍。"

🙂 宋姐爱心课堂

爱丽丝拥有骄傲自满的情绪后，爱丽丝的妈妈并没有用严厉、强迫的方式去逼迫她学习，而是让孩子在原地摔倒一次，抓住了教育的时机，用玻璃杯的故事开导爱丽丝，半杯水的人生才有进步的余地，而骄傲自满给了自己一杯水的错觉，这也是最后失败的原因。

在家庭教育中，父母在进行赞美教育的时候，也要注意告诉孩子虚心向别人学习的孩子更值得尊重。孩子所具备的很多品德都是从谦虚延伸出来的，没有谦虚的品格，孩子就可能会失去诚实、宽容、善良等品质。所以父母要从小教育孩子学会谦虚，懂得发现、尊重、学习别人的优点。

另外，如果父母骄傲自满同样也会影响孩子的品性。谦虚的父母可以让孩子认识到向他人学习的重要性。父母不要忽略对孩子的谦虚教育，虽然孩子的年龄不大，也不能准确地分辨是非，但是已经具备了模仿能力和记忆能力，这些都会促使孩子向父母学习。如果平日里父母表现得骄傲自大、目中无人，孩子也会跟着学习。父母如果不想让孩子变得骄傲自满，就应该从自己做起，为孩子树立好的榜样。

人的生命是有限的，而知识是无限的。不能自以为是地认为自己已经达到了最高峰，否则，只会让后面的对手追上自己并超越自己。

谦虚不仅是一种良好的学习态度，还是一种为人处世的重要准则。孩子只有具备了谦虚的品德，才能让自己各方面都得到发展，不断用知识来丰富自己，使自己具有包容万物的美德，从而使自己在人际交往中获得别人的尊敬和赞扬。作为父母，让孩子从小养成谦虚的品格，不管是在学习上还是在生活上，都可以让孩子受益颇多。

🎀 哈佛支招DIY

家长是孩子的塑造师，因此家长要教育孩子戒掉骄傲自满的情绪，正确认识自己，不断攀登人生的高峰。哈佛教育专家为家长们提出了以下几点建议。

● **塑造孩子不骄不躁的性格**

当今社会知识更新的速度不断增快，在美国已被公认的"知识折旧定律"认为：如果一个人一年不学习，他所拥有的知识就会折旧80%。因此，如果家长在教育孩子的过程中不注重培养孩子不骄不躁的品格，即使孩子能在一段时间内取得不俗的成绩，也会因为不良的习惯而停滞不前，甚至是倒退；家长如果关心孩子的未来，就要帮助孩子克服骄傲自满的情绪，用平和的心态来面对赞美和成功。还要培养孩子的进取心，因为不断进取的观念会不断激励孩子，让孩子远离骄傲自满，实现自己一个又一个人生目标，为未来的发展打下坚实的基础。

● **让孩子尝尝失败的味道**

当孩子骄傲自满的时候，家长可以通过让孩子品尝失败的苦果来引导孩子改正自己的缺点。孩子在成功面前往往会迷失方向，表现出小小的得意或自满。这个时候，家长千万不要用夸大的或者用物质奖励来助长孩子的这种情绪。虽然那样做可能会让孩子高兴一时，但却容易使骄傲自满的不良心态在孩子的内心扎下根来。一旦如此，再想拔掉就非常困难了。给孩子一次小小的挫折或者设下一个颇有难度的障碍，才能让孩子摆正心态。

● **委婉指出孩子的错误**

孩子因为取得了成绩而高兴，是非常正常的心理反应，但是因为孩子很难掌控自己"高兴"的度，从而可能让这种高兴演变成为骄傲自满的情绪。在这种情况下，如果家长生硬地批评孩子，可能会让孩子产生"为什么我取得了成绩反而要受到批评"的疑问，因而产生逆反情绪或者变得不自信。因此，家长在批评孩子的时候要讲究策略，让孩子从自己的经验中发现并总结错误，真正懂得骄傲自满的危害，这样孩子才能从内心要求自己不断进取，而家长也才能真正达到教育的目的。

哈佛小语 ♡

哈佛教育专家认为，谦虚是品德教育的根本，是优秀孩子应具备的美德，能否做到谦虚也是衡量一个孩子能否成为优秀人才的重要标志。谦虚的孩子，虚怀若谷，永不自满，能够发现别人的优点，并愿意向别人学习，这样才能得到别人的尊重。

爸 妈 私 房 话

第三章

哈佛兴趣教育：
努力学不如喜欢学

人的智力是多方面的，只要我们不把眼光局限在狭窄的知识学习方面，就能发现孩子身上的智慧和潜能，这样就可以把孩子的积极忓调动起来，让孩子快速成长。

兴趣是孩子最好的老师

学问必须合乎自己的兴趣，方才可以得益。

——[英]莎士比亚

🕐 阅读时间：<u>30</u>分钟　　🎓 受益指数：★★★★★

发现源自游戏

对于孩子来说，游戏具有特殊的意义。他们在游戏中生活，在游戏中学习，在游戏中成长。游戏是孩子正当的权利。所以，禁止孩子玩游戏的做法是非常错误的。

故事的天空

1609年，荷兰一家眼镜店的老板发明了望远镜，但有趣的是，这项影响了人类天文学、地理学、军事学、航海学等多种科学的重大发明，灵感仅仅来自于一群不满6岁的孩子。

1609年的一天，眼镜店老板汉斯的儿子拿着几块眼镜片和几个孩子在一起玩耍。他们模仿大人的动作，有的将镜片架在自己的眼睛前面，有的将两块镜片放成一前一后地看着远方。

忽然，一个孩子万分惊喜地叫了起来："哇，大家快来看啊，远方的教堂尖塔怎么一下子变得这么近了？"

听到他的喊声，其他小伙伴们也纷纷围过来看。

果然，在两块镜片的作用下，远在几千米之外的教堂尖塔被看得清清楚楚，甚至孩子们还能看到在尖塔上歇脚的鸽子。

这时，围在一起的孩子惊动了站在柜台中的汉斯老板，他也走过来一看究竟："乖乖！真的看得很清楚啊！"他失声大叫。

汉斯回到家后，把自己关在屋里整整两天。他认真仔细地观察之后发现，孩子手中拿的一片是近视镜片，即中间薄、边缘厚的凹透镜，另一片是老花镜片，即中间厚、边缘薄的凸透镜。

于是，这个幸运的眼镜店老板抓住这个偶然发现，发明了世界上第一台望远镜，为后来人类探索宇宙、观察星象、扬帆航海立下了不朽的功劳。

可以这么说，如果没有孩子们的游戏玩耍，就不会有汉斯望远镜的发明。

🙂 宋姐爱心课堂

孩子们的思维比较灵活，想法也不会像成人一样固定于同一模式，所以这才促使了望远镜的出现。不得不说，这位眼镜店的老板是幸运的，他去了解了孩子们在游戏中发现了什么，并且以此为启发，从而研究出了第一台望远镜。

人们通常都有一种误解，认为人会玩物丧志，因此游戏常常是不被鼓励的，如果孩子特别喜欢玩，就会被视为淘气、调皮捣蛋、不爱学习、没出息。对于大人来说，是否喜欢玩、是否会玩，也许并不重要，但是对于孩子来说却是一件大事。游戏是衡量孩子身心健康发展的重要标志，因为孩子的游戏水平反映着他们的身心发展水平，所以，会玩的孩子往往是最聪明、最能干、身体最强壮、最擅长交往与合作的好孩子。

在哈佛大学，流传着这样一句谚语：整天用功学习不玩耍，聪明孩子也会变傻。游戏与学习对立是实施游戏教育的重要障碍。实际上，游戏的对立面并不是学习，而是不玩游戏。游戏的过程就是孩子的学习过程。

著名动画片艺术家万籁鸣，从小喜欢与母亲玩手影游戏。他经常被晃动着耳朵的"小兔子"、汪汪直叫的"小狗狗"迷住。手影游戏的形态一分生动逼真，极大地激发了他对动画艺术的兴趣，长大之后他制作了我国第一部彩色动画片——《大闹天宫》，成为了受人瞩目的艺术家。

然而，对于孩子玩游戏家长也不能不管不问，应该根据需要加以引导。就连动物都常常跟它们的子女一起做游戏，更何况是人呢？因此，作为家长，应该多与孩子们一起玩，以便通过游戏促进孩子身体的发育与智力、品德的发展。

哈佛支招DIY

在玩耍中对孩子进行训练，更容易让孩子接受，更容易让孩子掌握知识。作为家长，我们应该怎么做呢？哈佛教育专家给出了以下几条建议。

●玩是孩子的天性

贪玩不仅是孩子的特性，也是成人的本性。人们将吃、喝、玩、乐称之为生活的四大组成部分，世界上每年都有很多的人在旅游，各地都在兴建着多种多样的游乐项目，这无一不说明玩是人类的天性。那么既然大人们都在玩，为什么不让孩子也玩呢？

●游戏是增长智力的重要工具

你看过孩子们玩玩具吗？他们在充满新奇、幻想以及奥秘的玩具世界中玩耍的时候，其实，他们的小脑袋正在不停地思考，并且努力去摆弄、操作以便获得答案。为什么不倒翁不倒？为什么陀螺会转？为什么火车会叫、会冒烟？这些问题不但很好地激发了孩子丰富的想象力，还能帮助孩子认识世界，启发他们的智慧。

●与孩子一起玩游戏

家长应该注意保护孩子的天性，可以通过经常带孩子亲近大自然、与孩子一起做游戏等孩子最为喜欢的休闲方式，来培养孩子善于观察、善于思考的良好习惯与动手能力。

●为孩子选择有助于增长智力的玩具

玩具是每个孩子都爱不释手的东西，每个孩子都渴望拥有更多的玩具。各种各样的小玩具，不仅可以为孩子带来很多乐趣，还可能帮助孩子增长智力呢。当然了，这需要家长给孩子选择一些以增强智力作为前提的玩具，比如七巧板；孩子们爱不释手的积木、魔方；能与孩子自由对话的电子狗、智能猫；甚至是能够培养女孩子温柔特性的芭比娃娃等。

全面解读哈佛大学智能教育经典

哈佛小语 ♡

　　哈佛教育专家认为，家长通过合适的游戏，让孩子在玩耍中提升自己的各种能力，不仅可以快速达到理想的效果，而且孩子掌握各种能力会比依靠其他方式更加牢固。

爸 妈 私 房 话

音乐是不借任何外力，直接沁人心脾的最纯的感情的火焰；它是从口吸入的空气，它是生命的血管中流通着的血液。

——[匈牙利] 弗朗茨·李斯特

⏱ 阅读时间：25分钟　　🎓 受益指数：★★★★

斯特娜夫人的音乐训练法

音乐是基础文化艺术修养的必要组成部分，可以通过开发人的右脑，在潜移默化中对人的精神状态与意志、心智产生影响。这种影响对于培养人的创新能力具有非常积极的作用。音乐教育通过其教育教学活动，能够培养孩子高尚而丰富的情感，帮助孩子建造丰富的内心世界，有效地丰富与发展孩子的想象力与创新精神。

📖 故事的天空

斯特娜夫人在她女儿还小的时候，就开始努力培养她的音乐细胞。

在女儿出生后不久，斯特娜夫人就给她买来了能够发出Do、Re、Mi、Fa、So、Ra、Ti七个音的小闹钟。与此同时，还每天给她放悦耳动听的古今名曲，喂奶的时候还会唱歌给她听。

当女儿维尼学会A、B、C的读法之后，斯特娜夫人就开始教女儿乐谱的读法，甚至还教女儿玩弹琴游戏。

具体的玩法是，在屋内将东

全面解读哈佛大学智能教育经典

西藏起来让女儿找。这是小孩经常玩的游戏，但斯特娜夫人在游戏中突发奇想利用钢琴，这样就使得游戏变得更加有趣。

比如，每当维尼走近藏东西的地方的时候，妈妈不是说"危险，危险"，而是逐渐地弹出低音。如果走远了，妈妈就逐渐弹出高音。维尼倘若没有注意声音的高低，就很难找到藏起来的东西。斯特娜夫人认为，这个方法对于训练孩子的听力十分有效。

在女儿还不会说话的时候，斯特娜夫人就用拍手的方式打拍子让她看。后来，又买来了小鼓，教她按照拍子敲打。过了一段时间又买来了木琴让她学习，而且又开始做新的弹琴游戏——斯特娜夫人用手指出墙上的乐谱，女儿照谱按琴键。

就这样，女儿维尼在很小的时候，就已经能够用钢琴单音弹出简单的曲调了。然而在斯特娜夫人眼中，这还远远不够，她会让自己的女儿在成长中不断学习更多的音乐知识，做更多的音乐游戏，这样才能更快开启孩子智慧的门。

宋姐爱心课堂

诗人歌德曾经说过："为了不失去神赐予我们对美的感觉，一定要天天听一点儿音乐，天天朗诵一点儿诗，天天看一点儿画。"所以，斯特娜夫人认为，让孩子接触音乐是非常重要的，也曾经奉劝所有家长让孩子学习唱歌。

我们不能使每个人都成为音乐家，并且也没有那个必要。但是，即便自己不擅长音乐，最起码也要学会欣赏，这样生活中就会增加许多乐趣。

有人可能觉得，既然不想让孩子成为音乐家，那还教他音乐，这不是纯粹浪费时间吗？事实上，这种认识绝对是错误的。没有任何艺术的生活，就好像荒野一样。所以不仅是斯特娜夫人，哈佛的教育学家也认为，为了让孩子可以生活得更加幸福，生活内容丰富而多彩，父母有责任甚至是有义务让他们具备基本的音乐素养。

哈佛支招DIY

斯特娜夫人的音乐训练法有着不少讲究，作为家长，若想使用这种方法对自己的孩子进行训练，具体应该如何实施呢？

●音乐训练从幼年开始

在孩子的音乐教育上，很多家长一般都会选择在孩子7～8岁时才开始，他们认为在此之前，孩子太小，什么也不懂，教了也白教。可这种想法是多么愚蠢。

很多孩子因为没有从小就接受听力训练，所以学习效果很差，不但如此，音乐还会让孩子感觉非常苦恼。

●教孩子完整的曲调

一般教授音乐的方法是在刚开始时往往过于注重技巧，导致孩子感到厌恶。虽然训练技巧也是非常重要的，但是不能因此使孩子对音乐丧失兴趣。

斯特娜夫人的一位朋友，曾经为自己的孩子聘请过一名小提琴教师。一年之中他只教孩子练习技巧，导致这个孩子不但没有学会音乐反而开始厌恶音乐。所以，斯特娜夫人的朋友为孩子换了一位小提琴老师，这位老师没有沿用上一个老师的教法，而是教孩子完整的曲调，而且在孩子练习小提琴的时候，总是用钢琴为他伴奏，这让孩子非常高兴地学习小提琴。

●多给孩子一些鼓励

如果家长看到孩子从小对钢琴、小提琴等乐器非常感兴趣，喜欢摆弄它们，就应该抓住这个机会鼓励他们多多练习。与此同时，只要孩子取得一点点进步，家长就应该马上给予掌声和鼓励。

●和孩子一起享受音乐

音乐是艺术，更是一种生活。每天都与孩子有一个关于音乐的约定，或是一起听一首歌，或是和孩子合唱一首歌，这在无形中既加深了彼此的情感，又能够对开发孩子的智力有所助益。

哈佛小语 ♡

哈佛教育专家认为，音乐是一种十分美妙的艺术，可以通过人的听觉，对人的情绪与情感产生影响。音乐属于听觉的艺术，通过人的双耳作用于人的情感，可以引发人们丰富的联想，刺激人的智能发展。所以，家长应该从小培养孩子的音乐才能，这对于孩子的智力发展是相当重要的。

天才也需要后天的培养

> 垃圾是放错了位置的财宝。对哈佛大学来说，重要的不是出了6位总统和50多位诺贝尔奖获得者，而是让走进哈佛的每一颗金子都发光。
>
> ——[美]科南特

● 阅读时间：25分钟　　🎓 受益指数：★★★★★

不要埋没了天才

哈佛的一位心理学家曾经说过："你怎么描述自己的孩子，他们就会按照你描述的样子成长为那样的人。你说他是垃圾，在成长的过程中，他就会慢慢变成垃圾；你说他是天才，他就可能会朝着天才的方向努力成长。"由此可见，孩子未来到底走上哪条道路，需要家长对孩子的天性正确把握，并进行正确引导。

故事的天空

曾经有这样一个奇特的班级，班上有20多个学生，这些学生每个人都有不光彩的历史，父母也管不住他们，学校和老师更是拿他们毫无办法。学校把他们安排到了一个灰暗的教室，老师走了一个又一个，因为谁都无法把这个班级的孩子教育好。

这年春天，一位叫露西的年轻的辅导老师来到这个班级。新学期开始的第一节课，露西微笑地给孩子们出了一道选择题：

"现在有三个人，其中一个是被世人崇拜的英雄，孩子们，你们猜一下，这个人是A，是B，还是C呢？

"A：笃信巫医，吸烟多年，而且嗜酒如命。

"B：曾经两次被赶出办公室，每天要到中午才会起床，每晚要喝大约1公升的白兰地，而且曾经吸食过鸦片。

"C：曾是国家的战斗英雄，热爱艺术，有着素食的习惯，偶尔喝点酒，年轻时从没有做过违法的事。"

孩子们几乎不约而同地选择了C。

露西微笑地看了看孩子们的答案，随后说出了一个让人惊讶的答案：

"孩子们，你们的答案可以说是最符合常规的判断，但是这里不得不遗憾地告诉大家你们都错了。这三个人都是大家十分熟悉的人，A是富兰克林·罗斯福，他身残志坚，成为了美国历史上迄今为止唯一连任四届美国总统的人；B是温斯顿·丘吉尔，他是英国历史上最著名的首相；C的名字大家也很熟悉，他就是阿道夫·希特勒，一个夺去了几千万无辜生命的法西斯元首。"

孩子们简直不敢相信自己的耳朵，露西继续说道："孩子们，你们的人生才刚刚开始，过去的一切都已经成为了过去，要想真正地成功就要学会把握现在和未来。每个人都不是完美的，每个人都犯过错，就连伟人也不例外。从现在开始从过去的阴影中走出来吧，你们都是最棒的！努力做自己想做的事情，你们也可以拥有和伟人一样的人生。"

就这样，这个被大家称为最"垃圾"的班级，在伟大心灵的召唤之下，取得了让人惊艳的成绩。有的做了技术高超的飞行员，有的成了伸张正义的法官，有的成了帮人解惑的心理医生。而当时班级里最淘气的罗伯特·哈里森，成为了美国华尔街最年轻的基金经理人。

宋姐爱心课堂

这就是信念的力量。天才绝不是与生俱来的，上面的例子就深刻地表明了这个道理——一个如同垃圾一样的班级，一群任谁都看不上的学生，却因为老师的一番话鼓起了勇气，有了奋发向上的决心。

所以，对于每一个家长来说，无论你的孩子有多么不堪、多么不如人，都不应该放弃对他的培养、对他的启发。

天才是需要后天锻炼的，家长不要对孩子嗤之以鼻，更不要剥夺孩子的动手权利，应该鼓励孩子自己去做一些力所能及的事情，以便提高孩子的自理能力。比如，父母应该有意识地让孩子自己吃饭。

孩子的命运很大程度上掌握在父母的手里，天赋再好的孩子如果得不到良好的教育和培养，即使有天才的潜质，也会被浪费掉。就像《伤仲永》里描绘的一样。父母必须要抓住黄金时机，对孩子进行后天的培养，为孩子铺就好天才的成长之路。请注意，一定要让孩子多做、多看、多听、多想。

哈佛支招DIY

哈佛的教育专家认为，在孩子出生后的几年里，他们就已经具备了接受和学习外界信息的能力，父母应该抓住时机，为孩子创造出一个轻松舒适的学习环境，让孩子感受学习的乐趣，培养出人见人爱的天才宝宝。

●让孩子有秩序感

父母要从小培养孩子的秩序感，家中的事物不能乱摆乱放。孩子玩完玩具后，家长要及时叮嘱孩子将玩具放回原处，并且给孩子的玩具贴上标签，让孩子养成分类整理的好习惯。

●支持孩子的探索精神

孩子有着很强烈的好奇心，他们会拆卸一些东西，会把家里弄得脏乱不堪，这正是孩子探索世界的开始。不过，父母可不能因为他们这般"淘气"而斥责他们，相反，父母要好好利用这个机会，引导孩子去探索外在的事物，培养孩子的探索精神。

●不要用命令的语气和孩子说话

父母应该和孩子建立一种平等的关系，不能端着家长的架子去命令孩子，打击孩子的积极性和自信心，而是要像朋友一样，对孩子日常的行为和思维进行良性引导。

●不能忽视孩子的交际能力

每个人都渴望与人交流，孩子也不例外。父母在带着孩子外出的时候，要鼓励他多与人交谈，并且以身作则，培养出一个乐观、积极向上的小太阳。

●要时常夸奖和鼓励孩子

父母对孩子的鼓励是支持孩子继续向前的巨大动力。父母应该适时给孩子一些鼓励，提升孩子内心的自信心和认同感，让孩子在面对世界的时候，更加有动力、有信心。

哈佛教育专家认为，天才=99%的后天教育＋1%的先天禀赋。最美的花要用最多的汗水、泪水浇灌出来。机会总是稍纵即逝，家长要掌握孩子学习的最佳时期，任何黄金时机一旦错失，就不会再有。对于孩子的教育，如果能把握住这段黄金施教期，那么孩子的整个人生就会发生不可思议的变化，如果错过了这段最佳时期，就可以会贻误孩子的一生。

爸 妈 私 房 话

人生的头三年胜过以后发展的各个阶段，胜过三岁以后直到死亡的总和。

——[意] 玛丽亚·蒙台梭利

⏱ 阅读时间：<u>30</u>分钟　　🎓 受益指数：★★★★★

早期教育，孩子的"成长加速器"

研究证明，接受过早期教育的孩子要比没有经过早期教育的孩子，智力多出15～30分。不仅仅正常的孩子是这样，先天不足的孩子以及孤儿院里的孩子也是这样。因此孩子出生之后，父母对孩子实施早期教育是很有必要的，这关系到孩子是否能够拥有一个光明的未来。

👦 故事的天空

西尔多·冯·卡门是一名伟大的科学家，他的成功可以说离不开他父亲对他的早期教育。冯·卡门的父亲是一位有名的哲学家和教育家，从小便很注重对冯·卡门的教育。冯·卡门从小就表现出了异于常人的天赋，特别是在数学方面，他可是一个数学天才，不过这在冯·卡门的父亲看来，并不是一件值得高兴的事情。他可不愿意让冯·卡门以后变成一个畸形发展的神童。

基于此，冯·卡门的父亲为了他的长远发展，想尽了一切办法。后来冯·卡门的父亲竟然让他停止了数学的学习，并且为卡门请了一个博士，专程教授卡门历史、地理和文学方面的知识。

卡门父亲的决定使很多人都感到不可思议。按照一般家长的做法，如果自己的孩子擅长某一样东西，那么家长定是让孩子在这条路上走到底，很少有人能够像卡门的父亲一样，考虑得这么全面。

后来，卡门对他人说："对于父亲的决定，我的心里充满了感激。他让我放弃了数学，转而让我学习地理、历史、文学等知识。要知道，我的一生很是崇拜人文主义的文明，这也和父亲帮助我均衡发展是分不开的。"

宋姐爱心课堂

发展孩子的长处是好的，但是也不可任由孩子发展成一位"瘸脚先生"，卡门的父亲为了让小卡门全面发展，便让他暂停了数学的学习，转而去学习地理、历史等知识，最终使得卡门的智力平衡发展，成为一名伟大的科学家。

德国教育学家卡尔·威特认为，虽然儿童具有无法预知的潜能，但是也存在着递减的法则。当时他曾经做过这样一项研究，具有100度潜能的儿童刚出生，就对他进行优质教育，那么他可能就会成为有100度潜能的人；如果孩子5岁之后再对他进行教育，孩子的潜能可能就减少到了80度左右；如果把孩子的教育安排在10岁以后，那么即便是再优质再合适的教育，孩子最后的潜能也只能达到60度左右。由此证明，儿童的潜能是逐步递减的。

家长要学会根据孩子不同的成长时期进行不同的教育。家长要先弄清楚，孩子在不同的年龄有着不同的发展速度，孩子的各项能力在发展的过程中也并不同步，有些能力发展会较快，有些能力则会发展得较慢，有些能力发展还会呈现快慢交替。

父母要善于利用"递减法则"，抓住良好的时机对孩子进行早期的教育，这样才能让孩子的潜能被有效地挖掘出来。

哈佛支招DIY

早期教育可以培养孩子良好的品德，而这些品德将会对孩子的一生都产生影响。要进行早期教育关键在于要抑制孩子天赋的递减，要抓准时机为孩子的发展创造条件和机会。

●从孩子感兴趣的事情出发

家长在对孩子进行早期教育时不要一味地给孩子灌输知识，强迫孩子进行记忆、学习、听说、背诵、绘画，不顾孩子是否感兴趣。如果采取这种填鸭式的强迫式教育方法，不仅不能保留孩子的天赋，还会对孩子智力的发展产生阻碍。

●不要欺骗你的孩子

哈佛有一句经典的名言：永远不要欺骗别人，因为你的谎言会以各种形式回报在你的身上。孩子对很多事情都会产生好奇，当他来询问家长的时候，如果得到的答案是错误的，那么会让孩子在很长的一段时间里都对这件事物的理解产生误区，甚至会避而不谈。

●无论何时，都不要拒绝孩子的问题

拒绝回答孩子的问题和欺骗孩子其实是一样的，甚至更加恶劣。作为孩子最信任的人，如果不回答问题，那么久而久之孩子就会因为怕挨骂而变得不爱问问题、不爱交流，这就在无形中扼杀了孩子的求知欲与想象力。

●让孩子接受知识和技能的教育

早期教育能让孩子学习一些实用知识和技能，锻炼孩子的身体素质和意志力，开拓想象力和创造力，培养孩子乐观、坚强、勇敢的人生态度。家长在进行这方面教育时，可以给孩子讲一些故事，在平时也要教会孩子一些基本的技能。

●在游戏中开心施教

如果孩子问的问题真的很难解答，或是用言语表述不清楚，那么家长可以采取与孩子做游戏的方式，将问题的答案渗透到孩子的脑海里。这样，不仅教育的形式活泼，更可以让孩子在快乐中不知不觉地接受新事物。

哈佛小语 ♡

哈佛教育专家认为，早期教育并不是让孩子在童年时光中完成沉重的学业。所有的教育都是要建立在自由、快乐、自愿、尊重、信任的基础之上的，在保持儿童天性的前提之下，培养孩子的各种能力，为孩子将来的学习和生活做好准备。

树立目标，让孩子少走弯路

每走一步都走向一个终于要达到的目标，这并不够，应该每一步都是一个目标，每一步都自有价值。

——[德] 歌德

🕐 阅读时间：<u>25</u>分钟　　🎓 受益指数：★★★★★

小目标造就大成功

每个成功的人都有自己的人生目标，而要完成最终的目标，就需要完成无数的小目标，最终才能够实现各自伟大的梦想。即便是道路再艰辛，只要不轻易放弃，就一定会有成功的机会。但是如果遇到困难就轻言放弃，那么你还没有开始，就已经失败了。不畏艰难，坚持不懈，成功的曙光将会为你闪耀。

🧒 故事的天空

1984年，在东京举办的国际马拉松邀请赛中，有一位名叫山田本一的日本选手。就是这位名不见经传的选手，最终出乎所有人意料地夺得了世界冠军。当记者对他进行采访的时候，问道："你凭借什么取得了如此惊人的成绩呢？"山田本一微笑着说了这样一句话："凭智慧战胜对手。"那时候，有很多人都认为这个偶然跑到前面的小个子选手就是在"故弄玄虚"。

这个谜底终于在10年之后被解

全面解读哈佛大学智能教育经典

124

开了，他在他的自传里这样写道："很小的时候，我便接触了马拉松，只是刚开始我和初学的人一样，想着长路漫漫的马拉松，心里就丧失了希望。可是有一次，我的父亲把我带到了练习的地方，指着前面的第一棵树对我说，以后跑步的时候，就在这么一段距离内设定一个目标，有了目标，路程就不会显得那么遥远。如此下去，跑完马拉松也就不是很困难的事情了。"

"从那之后，每一次在比赛之前，我都要乘着车认认真真地查看一遍比赛的路线，并且将沿途比较醒目的标志画下来。例如，第一个标志是银行，第二个标志是一棵高大的树，第三个标志是一座颜色鲜艳的红房子……就这样一直画到赛程的终点。比赛开始之后，我就用跑一百米的速度，拼命地跑向第一个目标，等跑过第一个目标之后，我又以相同的速度冲向第二目标。刚开始，我并不明白这样的道理，经常将自己的目标定在40千米外终点的那面旗帜上，结果当我跑到十几千米的时候，就已经相当疲惫了，看到前面还有那么远的距离，我就被吓倒了，最终的结果自然也就不可能如愿了。"

宋姐爱心课堂

其实，山本田一的做法，就是把大目标分解成多个十分容易达到的小目标，然后一步接着一步脚踏实地地前进。每当实现一个小目标，他就能够深刻地体会到"成功的感觉"，而这种"感觉"使他的自信心很好地得到了强化，并且推动着他稳步地发挥着潜能去实现下一个目标，直到他顺利完成那个终极目标。这就是战胜对手、战胜自己的智慧。

对于登山队员而言也是一样的。在攀登高山的时候，里程标志是一种非常大的鼓励。当登山队员站在山脚下，看着那样高的山峰，不少队员都会感到畏惧，感觉自己一定爬不到山顶。这个时候，如果队长对他们说："我们先爬到十分之三的地方休息一会儿，如果到时候实在坚持不住了，再返回山脚下吧。"那些开始泄气的人会感觉十分之三的地方自己还能够爬得到。等他们到达目的地的时候，就会有强烈的成就感，进而生出一种自信心：既然已经爬到这里，再爬到半山腰的位置应该是没有问题的。就这样，他们最终都坚持爬到了终点。这就是所说的里程标志，即目标具有非常大的激励作用。

哈佛支招DIY

作为家长，在给孩子设置目标的时候也应该合理、可行，只有这样，孩子才能体会到成功的快乐，继而积极努力地去奋斗，而不是整天苦着脸被迫并消极地完成父母留下的任务。

●给孩子设置一个合理的目标

倘若目标太高最后不能如愿，不仅会打击孩子走向成功的积极性，而且还会将孩子的自信心消磨完，导致孩子没有进步反而倒退了。

所以，当家长知道孩子根本不可能做到的时候，还不如告诉孩子，如果学习三个小时没有时间玩耍，那就学习一个小时，但是一定要保证在这一个小时中完成今天的学习目标。家长应该明白，即便强迫孩子学习三四个小时，学习的效率肯定是非常低的，学习的效果自然也不会好，这样一来，孩子还非常容易养成拖拖拉拉的坏习惯。反过来，将学习的时间控制在一个小时中，即使孩子在一小时内没有完成当天的学习目标，孩子也会主动请求家长再给自己一些时间继续学习，如此，孩子学习的积极性也就随之提高了。

●巧妙设计各个阶段的分目标

家长要学会利用登山选手的"智慧"，让孩子自己或协助孩子将大目标按照各个阶段，分割成为若干个小目标，这些小目标的排列顺序应该是先易后难。小目标积累多了也会成为大成功的，即便实现的是一个个小目标，但是同样也会对孩子产生十分深远的影响，大大增强他达到目标后的自信心与成就感，从而产生滚雪球效应。每个获得成功的人都是在完成无数个小目标之后，最终才实现他们伟大的梦想的。

●必不可少的小奖励

孩子都喜欢被夸奖、被奖励，所以当孩子完成既定的目标时，家长要给予一定的奖励。奖励可以是物质上的，给孩子买一个铅笔盒或买一个小玩具等；也可以是精神上的，带孩子去一趟公园、游乐园等。但需要注意的是，家长的奖励不要喧宾夺主，让孩子为了奖励而实现目标，反而失去了制定目标的意义。

哈佛小语 ♡

哈佛教育专家认为，所有的大成功都是由小目标积累而成的，每个成功者都是在完成无数个小目标之后，才实现了他们伟大的梦想。只要你不放弃，就一定会有成功的机会。倘若放弃了，就注定了失败的结局。不怕艰难，坚持不懈，按部就班地完成一个个小目标，大成功就在前方等着你！

我相信强烈的目标，这种可以使人完成任何事情的诚恳精神，这和自我忠实，是使人的心灵成就伟业的最大因素。

——[美] 弗烈德利克·B.罗宾森

阅读时间：<u>25</u>分钟　　　受益指数：★★★★★

目标要从实际出发

在现实生活中，绝大多数的人都希望跨进成功的大门，也明白要想成功首先需要确定目标，而且也确实那么去做了，还在不断地努力着。然而，他们却忽略了一个相当重要的问题，那就是坚定不移的目标会使一个人走向成功，同样也会断送一个人的前程，关键在于你是否懂得从实际出发去应对各种变化。

故事的天空

很久以前，有一个非常擅长捕鱼的渔夫，但是他却有一个坏习惯，那就是喜欢立誓言，即便这个誓言很不切实际，总是让他在实现的过程中碰壁，他也要将错就错，永不回头。

有一年春天，渔夫听说市面上墨鱼的价格是最高的，于是就立下了誓言：这一次出海，我只捕捞墨鱼。然而，这次渔夫遇到的全部都是螃蟹，所以，他只好空手而归了。上岸之后，他才知道，现在市面上螃蟹价格才是最高的。渔夫非常后悔，发誓下一次出海的时候，只打捞螃蟹。

于是，在第二次出海的时候，他将全部的注意力都放到了螃蟹上，但

是这一次，他遇到的全部都是墨鱼，所以，他再一次空手而归了。晚上，渔夫躺在床上又开始后悔了，于是，他就发誓：下一次出海的时候，不管是遇到螃蟹，还是墨鱼，他都会捕捞的。

可是，在他第三次出海的时候，墨鱼、螃蟹都没有遇到，仅仅遇到了一些马鲛鱼。就这样，渔夫再一次空手而归了。

渔夫没有赶上第四次出海，因为他在自己的誓言中，在饥寒交迫的痛苦中，离开了人世。

🙂 宋姐爱心课堂

渔夫总是下定决心，今天必须要抓住墨鱼，明天必须要抓到螃蟹。但是市场是在不断变化的，而渔夫却不懂得随着市场的变化而随机应变，最后落得了一个十分悲惨的结果。从这个故事中，我们可以看出，人生活在现实社会中应该有自己的目标，但是这些目标应该随着现实的改变而发生相应的改变。

目标与现实就好比一个鱼池。目标是鱼，现实就是水。鱼应该不断地适应水中的生存环境，倘若水底缺氧了，鱼就需要游到水面上来。由此可见目标与现实之间的变化关系：目标应建立在现实的基础上，现实变，目标也应随之改变。

🙂 哈佛支招DIY

哈佛教育专家认为，作为家长，在教育孩子的过程中，一定要注意这一点。不要只顾着教育孩子树立目标，却忽视了目标的合理性与可行性，错误的目标比没有目标更可怕，它不仅不会带给孩子成功，而且还极有可能将孩子引入歧途。

●立足现实，确定目标

就学习而言，当一个孩子真正有了目标之后，他就会为这个目标去努力。如此一来，他就会有意识地将自己的时间与精力管理起来，用在学习上，他的学习也会随之飞速发展。目标对于孩子来说，是一个外在的驱动力。

不过，每个人的潜力不同，有强有弱，行动也有快有慢，所以，家长要教育孩子，在确定目标的时候，一定要以自己的实际情况为基础。"找一个支点将自己高高托起，画一个圆圈让自己超越极限。"虽然这句话不能算是至理名言，但是它却清清楚楚地告诉我们一定要辩证地把握目标和现实之间的内在关系。

被世人尊称为"儒家大师"的孔子，不仅深受古代人的爱戴，而且也被现代人所推崇。如果用现代标准对孔子的那些儒家传统观念进行衡量的话，可以说存在着很大的局限性，但是我们不会去嘲笑它，因为在几千年之前的春秋战国时期，它就是真理。试想一下，有谁会去讥笑自己牙牙学语、蹒跚起步的幼年时代，又有谁会由于现在电子计算机的发展去怀疑当初第一台计算机问世的必要性？现实不一样，目标也应该有所不同。

不过，需要注意的是，目标虽然源于现实，但是应该在现实的基础上有所提高。目标是我们努力追求的东西，它给了我们强大的动力，让我们在人生的道路上不断地奋起前进。如果我们安于现状，那么，所设立的目标也就没有多大的意义了。

●切忌好高骛远，"飞行"高度应适宜

在一座教堂中的一块石碑上，刻着这样一段话：

我年轻时，立志要改变世界，但是却发现很难实现；中年时，我又想去改变国家，却发现同样难以实现；老年时，我只想改变家庭，但却已经无能为力了。现在回过头来想想，倘若我当初只是先改变自己，继而去影响家庭，然后，我可能会依靠我的家庭去改变国家，甚至去改变这个世界……

事实就是这样。倘若当初降低一点自己的目标，与当时的现实和自己的能力相符，也许他就有可能成为一名影响世界的伟人。但是，当他刚开始一无所有时，就想着去改变世界，这样的"飞行"高度实在是太高、太空泛了。因此，我们一定要注意自己的"航向"，调整好自己的"飞行"高度，使目标与实际更好地吻合。只有这样，目标才有实现的可能。否则，一味地追求过于高远的目标，盲目地坚持不切实际的愿望，其结果只能是白白浪费时间与精力！

哈佛小语 ♡

哈佛教育专家认为，任何奋斗目标都应该以现实的可能性作为依据，应该与自己的实际情况相符，不能脱离个人的实际。谁都想当科学家、音乐大师……但是，这些目标并不是每个人都可以实现的，所以奋斗目标还是要从实际出发好。

第四章

哈佛能力教育：多元训练受益多

　　科学的思维和能力，是一个人能够成功的重要条件。哈佛大学在招收学生的时候，不仅要考查学生的学习能力，更要了解这个学生是否对周围充满好奇，是否关心其他领域等。因此，父母要科学地培养孩子的各种能力。

学习能力，好方法与新思维并行

孩子提出的问题越多，那么他在童年早期认识的周围的东西也就越多，脑袋也越聪明，眼睛也越明，记忆力也越敏锐。要培养自己孩子的智力，那你就得教给他思考。

——[苏联] 苏霍姆林斯基

🕐 阅读时间：<u>30</u>分钟　　🎓 受益指数：★★★★★

打破砂锅问到底

一个人，若是没有"打破砂锅问到底"的特质，那么这个人注定不会有大成就的。只有多提问题，提有用的问题，并对问题进行深层次的理解，才能找出解决问题的方法和策略，也才能使提出的问题显得有意义、有价值。

🧒 故事的天空

莱姆塞从小就是一个勤奋好学的孩子，如果碰到不懂的问题，他就会"打破砂锅问到底"，缠着大人问个不停，一定要弄清楚到底是怎么回事。

有一天，6岁的莱姆塞正坐在温暖的壁炉前看书。突然，他被跳动的火焰吸引住了。多么神奇的火呀！开始的时候只是一点点，闪着泛蓝的光，后来便渐渐成了一团橙红色。他看着看着，竟不由自主地伸手去触碰那些闪动的火焰。"啊！"一阵炙热感袭来，小莱姆塞赶紧把手收了回来。不

过他并没有在意自己的疼痛，而是看着自己手上的红印自言自语道："木头为什么可以燃烧呢？"

小莱姆塞琢磨了半天，也没弄明白，就跑到了母亲的面前，举着自己烧红的小手问道："妈妈，木头为什么可以燃烧呢？"

"哦，亲爱的，你的手怎么了？"母亲心疼地问。

"妈妈，我的手倒是没什么，你还没告诉我为什么木头可以燃烧呢？"莱姆塞继续追问母亲。

"因为有空气啊。"母亲一边心疼地抚摸着儿子的小手，一边回答说。

"空气？为什么有空气就能燃烧呢？空气里有什么呢？我怎么看不见也摸不着呀？"小莱姆塞继续问道。

母亲一下子被儿子的问题问住了。这时，莱姆塞的父亲刚好从外面走了进来。莱姆塞看见父亲，就拉着父亲的手问："爸爸，空气里到底有什么？为什么可以让木头燃烧呢？"

父亲看着儿子，思考了一会儿说道："莱姆塞，空气里含有很多种气体，而让木头燃烧的气体就是空气中的氧气。"

小莱姆塞又抬起他的小脑袋问道："那气体是什么呢？""我们周围到处都是气体，没有颜色，没有味道，也没有形状。我们呼吸时便是吸入氧气，呼出二氧化碳。明白了吗？儿子。"父亲慈爱地看着儿子。

小莱姆塞并没有就此打住发问的念头，他继续说道："爸爸，空气里除了这些气体，还有什么呢？"爸爸又耐心地解释道："儿子，空气里可能还有其他的气体存在，不过现在科学家们还没有发现。我可以推荐给你一本书，那里面可能会有你想要的答案。"

宋姐爱心课堂

在现实生活中，很少有父母能够耐心地回答孩子的问题，孩子问得多了，还可能会受到父母的训斥。而故事中莱姆塞的父母却没有这么做，他们悉心倾听莱姆塞的疑问，满足了孩子"打破砂锅问到底"的好奇心，锻炼了孩子的思考能力。

如今，许多孩子都是家庭的独生子，是家里的宝贝，更是未来社会的希望，这就要求家长们除了照顾好孩子的衣食起居外，还应多给孩子一点关注，及时解答孩子心中的疑问，给孩子一个诚恳的答案。

此外，孩子"打破砂锅问到底"的潜质在成长过程中还会受到抑制。比如孩子在种植一棵小树苗的时候，没有将树苗扶正，便给它上了土。大部分的家长看到后会训斥孩子，而只有极少数的家长会选择和孩子一起纠正错误。其实，同孩子一起植树，并纠正他的植树方法，在另一种程度上就是了解孩子心中的疑问，并且对疑问给予合理的解答。

哈佛大学的一位教授曾经说："如果一个孩子没有打破砂锅问到底的特质，那么这个孩子的未来将是平庸的、毫无光彩的。"

哈佛支招DIY

保护孩子打破砂锅问到底的特质，关键是要保护孩子的好奇心。

● **不用错误的观念影响孩子**

家长在响应孩子的问题时，心态一定要正确，在解答孩子的问题时不要夸大事实、添枝加叶，而是要实事求是，告知孩子真相，更不要把错误的观点灌输给孩子。

● **回答问题要耐心**

家长在回答孩子的问题时，一定要耐心，陪同他一起解决。否则可能会打消孩子问问题的积极性，以后即便有疑问也会闷在心里，抑制了孩子的思考与探索能力。

● **回答问题时，注意培养孩子的创造力和想象力**

家长在回答问题时，不要急着给孩子一个固定的答案，可以和孩子讨论一下。比如在画画的时候，孩子可能会问为什么要把天空画成蓝色呢？这时候家长就可以反问："你觉得要画成什么颜色比较好呢？"用这种方法不仅可以轻松回答孩子的问题，还可以刺激孩子的想象力。

● **给孩子创造"打破砂锅问到底"的环境**

对孩子来说，他们的日常生活环境中，任何事物都有可能激发孩子的好奇心，让孩子提出各种各样的问题。家长要在消除环境中不安全因素的前提下，依据孩子的兴趣提供一些实践材料和工具，放手让孩子去探索。

哈佛小语 ♡

哈佛教育专家认为，问问题是孩子认识这个世界最简洁、最直接的方式，如果父母截断了这条道路，那么孩子将来就可能要走很多弯路。

知识是引导人生光明与真实的灯烛，考试是检验才华的标尺。

——佚名

🕐 阅读时间：25分钟　　🎓 受益指数：★★★★★

考试是个技术活

在考试过程中，参试者除了题目以外的任何东西都需要利用自己的能力来解决。在哈佛教育专家的眼中，当孩子考试成绩不好的时候，明智的父母会和孩子一起寻找原因，并且和孩子寻求解决问题的方法；而愚笨的父母则只会对孩子斥责大骂，使得孩子对考试产生了恐惧感。

📕 故事的天空

今年刚满6岁的艾克已经经历了大大小小不下几十次考试。每次听到考试两个字，艾克就会异常紧张，吃不下饭睡不着觉。

为什么艾克会出现这些症状呢？

原来，艾克从3岁起就上了钢琴班、美术班等大大小小四五个课外兴趣班。每天幼儿园一下课，妈妈就带着他穿梭在各个辅导班之中。只有在星期天的晚上，他才有一个小时的看电视时间。

所以对于艾克来说，繁重的兴趣班课程，给他造成了很大的压力，这就是为什么他还没上学就已经开始讨厌考试了！

每次考试之前，艾克其实都做好了充分的准备，可是到了考场上，他就会异常紧张，把以前记住的知识点忘得一

干二净，好像一进考场大脑就会自动清空一样。

我会不会考不好呀，如果这次考不好老师会不喜欢我呀，如果考得不理想爸爸妈妈一定会说我的……诸如此类的心理压力真是让这个小小的孩子透不过气来，甚至是一般的课堂考试都会让他紧张得不行。

而艾克的爸爸非但不懂得安慰小艾克，反而看到艾克的成绩后还会大发雷霆，认为自己花了那么多时间和心血培养孩子，他却如此不争气。这一切的一切使得艾克更加恐惧考试。这样一来，艾克的成绩更是一次不如一次了。

宋姐爱心课堂

艾克的成绩完全都是因为父母的高压政策才变坏的！孩子的心理承受能力比较弱，父母如果都像艾克爸爸一样，将很多东西强制压在孩子的身上，只注重成绩而不注重结果，那么孩子将会越来越紧张考试，成绩自然也会一次不如一次。

在平常的考试中，家长们往往只注重孩子考试的结果，而不去了解孩子考试失败的原因。比如孩子在一次考试中得了58分，大部分家长在得知这一成绩时，第一反应便是愤怒。其实家长们并不知道，孩子的成绩之所以不理想，除了平常对知识的掌握外，还在于考试前期的学习技巧。而家长们不仅没有意识到这一点，反而通过不良的情绪表达方式让孩子对于考试更加的恐惧，使得考试成绩一次不如一次。

此外，因现代教育体制的原因，孩子身上背负了太多的压力。比如，一个孩子运用一种方法解出了一道数学题，可是家长却并不满意。在他们眼中，只有让孩子将所有解题方法都想出来，这才达到了他们的目的。最后，孩子在家长的严厉目光下，苦思冥想也不知所以然，使得孩子的自信心受到了严重的打击。不过，也有一些聪明的家长，会和孩子一起去探寻另一种解题方法，在探索的过程中，还帮助孩子发现思维技巧，找出探索问题的方法。

可见，考试不仅在于平常的学习功底，还在于有技巧地复习所学的知识。因此，如果想让孩子考出好成绩，那就不妨从现在开始先让孩子懂点考试技巧吧！

哈佛支招DIY

从某种意义上讲，一般情况下的考试并没有"台下十年功"来得那般辛苦，但也并不是死记硬背就能够应付得来的，而是需要使用某些技巧，才能够达到预期的效果。其实，只要使用的技巧得当，就会产生意想不到的结果。

因此，要培养孩子的考试技巧，就必须在大考、小考前进行技巧模拟，顺利帮助孩子渡过考试难关。

●鼓励孩子，相信自我

家长要鼓励孩子相信自己，从容应对。相关研究表明，在人获取成功的因素中，智商只占了百分之三十，而情商却占了百分之七十。情商就是指人的情感、情绪、意志和耐受挫折等方面的品质。情商高的人可以感悟、明白人生的价值。当考试到来的时候，重要的不是你有多少知识还没有掌握，而是要充分利用好你已经掌握了的知识。任何考试之前的复习都是为了激活你脑海中已经掌握了的东西。因此，在孩子考试之前，家长要鼓励孩子放松自己，不要让孩子因为紧张等因素而影响考试。

●帮助孩子调整状态

考试是一件复杂的脑力劳动，需要保持清醒的头脑和适当的紧张感来保证孩子在考试中正常发挥。越是面临重大的考试，越要让孩子降低求胜的欲望，这样才能减轻心理负担，轻装上阵，保持旺盛的精力和积极的心态来应对考试。

●督促孩子做好考前准备

考前的准备工作有很多，如知识准备、体能准备、物质准备、心理准备等，这些准备都是缺一不可。最重要的就是要调整考前的心理准备和体能准备。父母应该帮助孩子在考试之前放松内心的紧张情绪，调整好自己的心态，轻松面对考试。

哈佛小语 ♥

哈佛教育专家认为，考试只是人生中的一个插曲，每个人都会参加考试，只要你认清考试真正的目的，你就一定能谱写出你生命中最优美的曲子！

学习最为重要的不是知识的数量，而是知识的质量。有些人知道的很多，但是却不知道哪些知识是有用的。运用好的方法将书中的知识一页页地消化掉，要比匆忙阅读一本书有用得多。

——[法]罗曼·罗兰

🕐 阅读时间：<u>25</u>分钟　　🎓 受益指数：★★★★

方法才是重点

在学习过程中，正确的方法是孩子高效、轻松学习的有力保障，这是哈佛大学一直坚持不移的学习理念之一。这种方法能在孩子学习时起到很好的促进作用。仔细观察便能发现，有许多孩子在平时学习很努力，但是学习成绩就是上不去。究其根源，这类孩子的成绩之所以不好，在很大程度上就是因为他们的学习方法不当。

📖 故事的天空

安娜有一个女儿克里斯，这个小女孩活泼又可爱，但却有一个地方让安娜十分头痛——克里斯4岁的时候上小班，可是等她6岁的时候，还是上小班。

安娜心里很不解，为什么自己的孩子总是升不上去呢？于是便找到了幼儿园的老师。

老师认为，克里斯的脑袋并不如其他孩子那样聪明，一个很简单的算术题，克里斯都要花费一周甚至是更长的时间才会弄明白，而一般的同学只需要一上午或者是几个小时的时间也就足够了。有一次，幼儿园组织小朋友们出去春游，克里斯甚至盯着小蚂蚁看了一上午，

也不和其他小朋友做游戏。

安娜听了幼儿园老师的话，心里很不舒服。不过在她看来，女儿成绩不好，只是因为她没有找到适合自己的学习方法而已，并不是老师口中"脑袋笨"的原因。

于是，安娜便试着和克里斯沟通，想要找到一个适合克里斯的学习方法，或者能够给女儿灌输一些学习方法。

经过一番准备之后，安娜便开始跟着女儿一起学习。在学习的过程中，安娜都会督促女儿进行课前预习、课后复习、章节小结等，并且适时地给克里斯讲解一些有用的学习方法或者是解题的窍门，以此将被动学习变为主动学习。

而克里斯也在主动学习的过程中体会到了学习的乐趣，成绩也一步步地提高了，当年便很顺利地考入了中班。

宋姐爱心课堂

我们平时所说的"脑袋笨"只是因为孩子没有找到学习方法而已。克里斯在没有找到适合自己的学习方法前，成绩一直不如人，就连升班的资格都没有，而找到学习方法后，成绩却是突飞猛进，这就是方法的作用。

在孩子的学习生涯中，家长们经常会责怪孩子学习不够用功，或是考试成绩不够理想。其实家长或许还不知道，孩子除了要完成老师布置的学习任务外，还需要一定的时间玩耍，这样才能让其保持良好的学习状态。家长干涉孩子玩耍，实际上在很大程度上抑制了他的学习积极性。

现在，很多家长都希望自己的子女能够成才，但也需要给他们足够的自由空间，任其自由发展。

另外，孩子的学习方法还会受到周围环境的影响。比如一个孩子看见身边的同学上课时不停地做笔记，下课后去打篮球、乒乓球，之后对于所学的知识不闻不问，那么他也会深受其影响，最后因没有掌握到学习方法，使得自己的成绩连连失利。至于这一点，家长并不知情，却只是责备孩子学习不够努力、不够用功。

方法是学习过程中的有力武器。如果一个孩子不懂学习方法，只是按照自己的方式死记硬背，那么这个孩子的学习成绩不会很好。同样，这个孩子走入社会后，也会因为遇事不会变通而遇到很多不必要的麻烦，甚至会吃大亏。

哈佛支招DIY

在生活中，做事需要讲究方法，学习也是如此。只有懂得了这个道理，家长才会重视对孩子学习方法的培养。

要想培养孩子良好的学习方法，首要关注的便是孩子自身存在的学习问题，只有解决本身存在的问题，加之正确的学习方法，才能让孩子成为佼佼者。

● 鼓励孩子多学习社会和自然的常识性知识

所谓读万卷书，不如行万里路。大自然和社会是孩子们最好的教室，家长要鼓励孩子多接触社会、亲近自然。比如，家长可以多带孩子去郊游、参观一些名胜古迹、进行有氧运动等。

● 鼓励孩子不畏失败

考试失败是在所难免的事情，当孩子考试失败的时候，家长不要过于责备，而是要开导孩子，鼓励他们勇于面对失败，帮助他们寻找失败的原因，探求适当的学习方法。

● 提高自身的素质以及家教水平

家长是孩子的第一任老师，家长的教育水平越高，孩子受益就越多。所以为了能够让孩子学到更多的知识，家长要提高自己的知识水平，这样才能在适当的时候给予孩子帮助。

● 戒掉唠叨的毛病

孩子会因为家长的唠叨产生逆反心理，这时就会出现顶嘴或者赌气与家长对着干的现象。因此家长不要随意批评孩子的是非，说话也要做到有理有据，这样才能让孩子心服口服。

● 家里多藏书，孩子受益多

书是人类最好的朋友。因为孩子的好奇心很重，所以家长可以在家里摆放一些书，各类书都要有一些，工具书也要尽量全一些，这样会更有利于孩子的学习。

除此之外，家长还应通过日常的积累总结出适合帮助孩子学习的方法，让孩子爱上学习。

哈佛小语 ♡

哈佛教育专家认为，学习讲究的是方法，找不到方法的学习，就如同在大海捞针一样毫无头绪，注定是辛苦而又毫无收获。

表达能力，思想的外在体现

语言绝对是发展孩子智力和社交能力的核心因素。

——[美]伯顿·L. 怀特

⏱ 阅读时间：<u>25</u>分钟　　🎓 受益指数：★★★★★

说话与智力密不可分

语言能力是人类最值得骄傲的一种能力，是人与人交流过程中最直接和必要的工具。经过长期的试验和大量的事例已经证明，人类在幼年时期的语言学习，关系着孩子的一生。

🧒 故事的天空

玛丽是个能说会道的女孩，说起话来总是滔滔不绝，而且很有分寸。

有一次，妈妈因为出差把她寄放到阿姨家。准备吃饭的时候，阿姨想要逗逗玛丽，就问道："小玛丽，阿姨做饭好吃还是你妈妈做饭好吃呢？"

小玛丽毫不犹豫地回答说："妈妈和阿姨做的都好吃！"

阿姨听后夸道："小玛丽，你的嘴巴可真甜啊。"

还有一次，幼儿园的老师去家里家访，看到玛丽床头的风铃很好看，就问道："这是小玛丽你自己

做的吗？"

"不是，是我的舅舅教我做的，老师你看，风铃的上面还画了我最喜欢的花，花的下面是美丽的小河，老师你看像不像我家门口的这条河？我的舅舅可疼我了！"

快人快语的小玛丽说话一点也不扭捏，而且将整个风铃都形容得好极了！连老师都忍不住赞叹地点了点头。

不仅如此，玛丽小小年纪就参加了幼儿园组织的辩论赛。她虽然是辩论队中年龄最小的孩子，但却是队里的主辩手。

玛丽凭借着自己优秀的语言组织能力，一路过关斩将，带着辩论队拿下了辩论赛的冠军。现在，小玛丽正准备开办一个自己的脱口秀节目，立志成为一名最优秀的脱口秀主持人。

宋姐爱心课堂

玛丽的语言能力极强，能够用准确的语言表达出她内心的所感所想，而这一切都与父母的教导分不开。

从手与脑的关系来看，人的左脑是支配右半身活动的；右脑是支配左半身活动的，怎样开发与利用孩子的右脑？经过哈佛大学的研究表明，右脑功能的开发和利用，对于整个大脑的开发能力、促进思维的发展与灵活性具有积极的作用。想要充分挖掘大脑的潜力，右脑的开发至关重要，特别是在以形象思维为主的婴幼儿时期更是这样。

5岁之前的语言教育是一个十分重要的环节。尽早学习语言最重要的意义就在于这样做可以促进孩子智力的发育。在婴幼儿时期就已经开始习惯与家长交流的孩子，不管是在智力还是在心理素质方面都优于其他的孩子，所以经常和孩子说话，可以提高孩子的智力。

虽然婴儿还不会说话，但是也不可以小看他们的感知能力，他们会对你说的话做出相应的反应。这实际上就是一种交流。这样的交流每天争取保持半小时，可以提高孩子的智力，他们会变得越来越聪明。

此外，不同年龄阶段的孩子，脑部发育特征也不尽相同：

在孩子1岁多时，家长要经常和孩子一起玩"捉迷藏"的游戏，事先将玩具藏起来，让孩子自己去寻找，或让爸爸躲起来，等着孩子去找。这些办法都可以开发孩子的智力。此外，父母要帮孩子选择动听的音乐锻炼孩子的听觉，不仅能

全面解读哈佛大学智能教育经典

够激发孩子右脑的潜力，还可以培养孩子的艺术细胞。

当孩子1～3岁时，他们左右脑的发育正处于活跃状态。此时，父母就应鼓励孩子尝试绘画及多使用左手拿物品、用左耳朵听音乐等。

当孩子3～6岁时，父母就要带孩子亲近大自然，这是开发孩子右脑最直接有效的方法，父母可以经常带着孩子亲近大自然，培养孩子的观察能力。父母还应鼓励孩子唱歌、跳舞、学乐器，这些艺术元素都是开发右脑的最大"功臣"。智力并非是与生俱来的，而是经过不断学习来努力开发和积累的。同样，语言与智力一样，学习语言也是一件需要不断努力的事情。只要扎实地为孩子打好了学习语言的基础，那么孩子的语言学习就不是问题。

🙂 哈佛支招DIY

语言教育当然不是随便说话、毫无选择地与孩子进行交流。家长不要教给孩子不完整的语言和方言，这不仅不利于开发孩子的语言能力，还会阻碍孩子语言能力的发展。同样语言训练方式也是要讲究技巧的。

● **与孩子交流时注意自己的发音、用词、语调等**

父母需要用温和的语调、清晰准确的发音，轻声细语地和孩子进行交流，循序渐进地让孩子理解其真正含义。父母可以选择优美的诗歌、美好的童话故事对孩子进行语言方面的训练，这样孩子感受到的不仅仅是关爱，还有韵律与音乐的美感，这些也会为孩子之后的语言学习打下良好的基础。为了调动孩子的积极性，父母可以利用玩具设计情景对孩子进行语言教育，设计一些让孩子意想不到的特殊情境。吸引孩子的注意力。与此同时，要有策略的提问，启发孩子进行回答；进行随时随地的指导和教育，孩子兴致高的时候就要多教，无兴趣的时候就停止，如此可以更好地开发孩子的智力。

● **与孩子进行交流时注意语言环境**

良好的语言环境十分重要，它直接决定着孩子语言潜能的开发程度。当孩子处在说话声、诗歌声、音乐声的环境中时，会让模仿力超强的孩子在早期得到此类的语言信息。家长将正确的语言信息灌输到孩子的思想中，伴随孩子整个成长过程的都将是良好的语言环境。

因此，孩子早期能力的培养，以生动、活泼、形象、直观、趣味十足的童话剧等寓教于乐的方式才是最佳的方式。多姿多彩的语言环境可以满足孩子的好奇心，家长要懂得全方位地挖掘孩子的潜质，真正给孩子带来愉快的感觉，开发孩子对学习语言的兴趣与积极性。

● 鼓励孩子问问题

不同年龄的孩子的思维能力是不同的，所以，他们所提出的问题也会不同。两三岁的孩子提的问题是非常简单的，只是类似于"这个是什么""那个是什么"这样的问题，家长只需把他们问的问题的答案简单地告诉他们就行了。四五岁的孩子，随着他们的生活范围逐渐扩大，能够更加深入地认识问题了，好奇心和求知的欲望也更加强烈，提出的问题也会更加复杂，家长回答起来也会有一些难度。

哈佛小语 ♡

哈佛教育专家认为，3岁是孩子语言学习的关键期，父母应该好好利用这一时期对孩子进行训练，开发其语言学习能力，这不但可以使其熟练地掌握母语之外，还可以迅速掌握另外一种语言。

爸 妈 私 房 话

语言是赐予人类表达思想的工具。

——[法]莫里哀

⏱ 阅读时间：<u>30</u>分钟　🎓 受益指数：★★★★★

训练孩子的语言表达能力

语言是学习其他学科的一门重要的工具，在母语扎实的基础上再学习其他的学科，对于孩子而言是很重要的。只有了解和运用一个国家的语言，才可以更好地认识这个国家。开发语言能力的妙法，同时也是很有效的教育方法，简单地说，就是要抓住孩子语言学习的最佳时期。

故事的天空

妈妈和外公带玛丽到大学校园里面玩耍，玛丽对这里的一切都充满了好奇，别看她年纪小，却有着超强的语言表达能力。

外公想要考考玛丽，于是装作不认路，让玛丽去问路。玛丽见到校园里的学生就大喊哥哥、姐姐，然后面带笑容，稚嫩地问道："哥哥，请问×××怎么走啊？"

学生们见到玛丽这样可爱，便蹲下身来，用手指着方向，告诉她详细地址。

由此可见玛丽的"魅力"有多大！

玛丽虽然还不到4周岁，但是已经熟知了相当数量的字，走到哪，学到哪，看到哪，读到哪，经常在大商场、超市、儿童游乐场等地方"表演"朗读，很受大人们的喜爱。

玛丽每一次外出，并不像其他的孩子那样热衷于玩具，倒是喜欢去看一下周围的文字宣传版面，并且在家长的鼓励下读出来。她一边读，家长一边为她解释相应的词汇。

通常在3岁之后，孩子的语言学习能力就显著提高，但是学龄前儿童的语言发展主要表现在口语上。玛丽的与众不同之处就是具有识别语言的能力，可以将"音""形"结合起来，甚至可以理解相应的"义"。如今的玛丽已经可以自己阅读幼儿园给小朋友订的报纸，不用家长再进行转述；即便是家长买的童话书，妈妈一边讲，她也要一边看书上的文字。总之，玛丽对语言学习有着很强的好奇心，目前还加入了英语的学习，她还是一样好学。

是不是玛丽比其他的孩子说话早呢？其实不然，玛丽在2岁之前的表现和同龄孩子不相上下，只是在2岁之后的言语发展过程中，家长发现她对语言学习十分感兴趣，而外公又从事高等教育，于是抓住了玛丽好学的特点，不断在生活中扩展其词汇量。玛丽学得很好，得到很多的表扬，而表扬又强化了玛丽学习语言的积极性，如此就形成了一个良性循环。

宋姐爱心课堂

孩子语言能力开发的早晚和母亲有着很大的关系，故事中的玛丽妈妈在日常生活中注重对玛丽语言能力的培养，才使得玛丽养成了一个良好的习惯，增强了学习的积极性。

每个孩子都有强烈的好奇心和求知欲望。他们的这种好奇心和求知欲就是促使其学习的原动力，只要家长在孩子的旁边给予正确的辅导，孩子就会像玩游戏一样疯狂地爱上学习。孩子的学习能力原本就是一种天性，哪怕是婴幼儿时期的模仿也应算是一种学习。家长在对孩子进行教育的时候，只要将好奇心和求知欲好好利用，就可以达到事半功倍的效果。

母语对于一个人的学习而言十分重要。当孩子还是婴儿的时候，家长就可以教孩子正确的发音，并且要保证发音的清晰和正确。孩子在不会说话之前，就已经具有了很强的语言理解能力。所以培养孩子语言能力的时候，家长可以选择用不同的词汇说出相同内容的话，这样可以有效地培养孩子的语言理解能力，培养孩子有目的、有条理地自我整理语言材料的能力。渐渐地，孩子的表达方式也会丰富起来，语言会变得灵活、生动、准确、充满智慧。

所以，孩子5岁之前是学习语言的最佳时期，此时父母要尽量避免教给孩子

全面解读哈佛大学智能教育经典

不完整的句子、发音不标准的词汇，以免对孩子以后的学习造成阻碍。

哈佛支招DIY

在训练孩子语言表达能力方面，哈佛大学的教育专家们给予了以下建议：

●家长从教育初期就要注重词汇表达

许多父母总认为年纪尚小的孩子不容易学会规范的语言，他们与孩子说话的时候总是习惯将很多词汇简化，不教孩子仔细辨别词汇，他们认为这样更加有助于孩子的学习。实际上，这样的教育方式不利于孩子的学习，更不利于开发孩子的语言能力。等到孩子重新运用这些词汇的时候，家长还要花费时间和精力教育孩子学习正规语言，并且不一定收到很好的学习效果。

●多和孩子进行交流

哈佛大学的教育专家认为，孩子的表达能力要从小训练，父母应该尽可能和孩子多加交流，这可以在一定程度上丰富孩子的词汇量，先让孩子听这些词语，等到孩子稍微大一些时再训练孩子将这些话说出来；早一点学会说话，对于孩子今后的生活是大有好处的，父母需要监督孩子并且及时纠正孩子发音的错误。家长在教孩子学习单词的时候，需要注意自己的方法和态度。与孩子交流和给孩子讲故事的时候，应该教给孩子准确的书面用语，这不仅仅是为了让孩子拥有更好的阅读能力，更是为了让孩子更早地理解书本上的知识。

●给孩子选购有助于表达的玩具

玩具不光能让孩子开心，更能让孩子在娱乐的过程中学到知识。所以家长在给孩子选购玩具的时候，要注意挑选能够让孩子开口的玩具。比如能够对话的娃娃、会叫的玩具狗等，这都有助于让孩子多开口说话。

哈佛小语 ♡

哈佛教育专家认为，父母在培养孩子的语言能力时，要趣味化、游戏化。丰富多彩的教育方式可以让孩子融入语言的天堂，把握好学习语言的最佳时期，那样孩子就会具备良好的语言表达能力。

交往能力，让孩子收获友谊

理解绝对是养育一切友情之果的土壤。

——[美]伍德罗·威尔逊

🕐 阅读时间：<u>25</u>分钟　　🎓 受益指数：★★★

与人交往，理解很重要

在孩子的成长过程中，交往能力的培养是不可缺少的，而理解他人则是一切交往的基本要求。

🧒 故事的天空

一个小男孩来到了一个出售小狗的店铺。

小男孩对店主说："我可以看一下这里的小狗吗？"

店主从狗舍里带出来五只毛茸茸的小狗。其中有一只小狗被远远地落在后面，走路还一瘸一拐的。

"那只小狗有什么毛病吗？"男孩问道。

店主耐心地解释说："那只小狗没有臀骨臼，因此只能一瘸一拐地走路。"

小男孩听完之后，认真地说："就是那只小狗，我要买它。"

店主听后，心知小男孩是同情这只小狗，于是说道："你用不着花钱，如果你真的想要它，我可以把它送给你。"

小男孩听后，不但没有感谢店主，反而十分气愤地瞪着店主说："我不需要你将这只小狗送给我。这只小狗的价值应该与其他狗一样。我会付给你全价。不过我现在只有这些钱。"说着从兜里掏出了1美元，"以后每个月我会付给你50美分，直到付全为止。"

店长并没有太在意这个男孩的话。直到有一天，男孩付清了所有的钱，这时男孩才弯下腰，将裤腿卷起来，露出了一只严重畸形的腿。

原来他的左腿也是跛的，靠一个大大的金属支架撑着。他看着店主说道："我是一个残疾的孩子，每次看着其他小朋友奔跑的时候都会很羡慕。当我看到那只小狗，就觉得它和我同病相怜，而事实证明，那只小狗的确需要一个可以理解它的人。"

后来，这个小男孩成为了美国的一州之长。

🙂 宋姐爱心课堂

相互理解是与人交往的基本素质。孩子出生之后，对整个世界都是陌生的。对他们来说，父母是最熟悉的人，而与父母相处是孩子进入社会与人交往的基础。

家长作为孩子的启蒙老师，有必要让孩子认识到理解在交往中的重要性。就像故事中的小男孩一样，因为残疾的小狗引起了他的共鸣，让他能够由己及"人"，能够感受到小狗的悲伤、失落，所以才坚持支付与其他小狗同样的价钱买下它，为的就是尊重、理解与惺惺相惜的情感。

在生活中，孩子的理解能力首先是从家庭中学习的，只有家长与孩子互相理解，才能进行更好的亲子交流，才能够使孩子摆脱对父母的依赖，轻松地与他人对话、交往。

必要的时候，父母还应该引导孩子学会宽容和理解，调整他们的心态，给孩子充分的自由和平等，这样，孩子在成长的过程中也会更加明事理。

相互理解十分重要，只有父母先理解孩子，孩子才能在耳濡目染中理解他人。

🙂 哈佛支招DIY

哈佛大学的教育专家认为，父母与孩子站的立场不同，很难了解对方的感受，因此，家长要学着教会孩子换位思考，让孩子用一颗宽容的心去理解和关心他人。

●用换位思考的方式处理矛盾

很多孩子只是习惯从自己的角度来思考问题，并没有想过要从他人的角度看问题，理解他人的想法和思维。针对这种情况，家长要注意引导孩子用换位思考的方式来处理矛盾。例如，当双方产生矛盾的时候，要站在对方的角度来考虑问题，思考对方为什么会这样做。这样孩子也会站在父母的角度上考虑，就会理解父母的用心良苦，理解父母的关心和唠叨；也会站在老师的角度上思考，理解老师的辛苦等。

●进行角色交换

在家庭教育中，父母与孩子可以经常进行角色互换。这样不仅可以增强孩子与家长之间的交流，还能让孩子参与到成年人的讨论中来。在商量一件事的时候，家长要注意自己的言语和行为，要让孩子懂得尊重、理解、信任等这些观念的重要性。

●互相理解，建立和谐家庭

如果孩子犯了错误，家长不要一味地采取严厉的批评方式，这样不仅收不到实质性的效果，还可能会导致孩子越来越不听大人的话，不能理解家长的良苦用心。所以，家长要营造出一种和谐的环境，这样才不会让孩子永远处于被动的地位，只有相互理解、相互尊重才能建立一种平等健康的家庭沟通关系。

●打破自我思考的方式，多元思考

理解是交流的基本原则，所有的交流都建立在理解的基础上，这也是哈佛教育秉承的原则之一。如果孩子一味地以自己为中心，就很难理解别人，也很难发现别人的优点和能力，更无法与别人进行平等的交流和合作。要想孩子理解别人，就需要打破孩子一贯以自我为中心的思考方式。家长可以给孩子布置一个作业，让孩子每天夸夸身边的人，让孩子发现别人的优点。这样孩子就会发现很多美好的事物，从而也开始变得美好。

哈佛小语 ♡

哈佛教育专家认为，家庭成员能不能进行友好的交流，孩子能否处理好人际关系，往往取决于孩子是否能够做到真正地理解他人。尊重、信赖、关怀、接纳、理解他人这些因素都是孩子在人际交往中至关重要的。

友谊是世界上最为神圣的东西，它不仅值得人们去推崇，更值得人们永远赞扬。

——[意]乔万尼·薄伽丘

⏱ 阅读时间：25分钟　　🎓 受益指数：★★★★★

引导孩子正确交朋友

孩子在与人交往的过程中能够学到很多东西，所以父母应该鼓励孩子结交朋友，给孩子创造交友的机会。有些父母将自己的择友意愿强加在孩子的身上，这让孩子在交友过程中有了很大的压力，甚至会引起孩子的逆反心理。作为父母，与其强制干预，倒不如适当引导。

🧒 故事的天空

在一次战争中，一家孤儿院的小女孩受了重伤，需要立即输血救治，可是由于医疗条件有限，根本就没有多余的血浆。于是，医生决定就地取材，他给孤儿院的其他孩子都验了血，倒有几个孩子的血型一样的。可是，医生和孩子们的语言不通，根本就无法交流。

于是，女医生只能用一大堆的手势告诉那几个孩子，"你们的朋友受伤很严重，她现在急需要输血治疗，你们可以帮她吗？"这几个孩子听懂之后，都点了点头。

可是，眼前的这些孩子都没有一个人表示愿意献血！医生没有想到会是这样的情况，他们为什么都不愿意献血救助自己的朋友呢？难道他们没有听懂

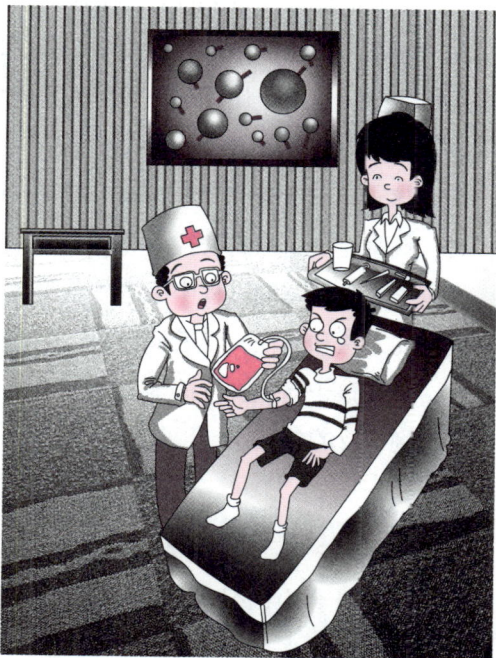

自己说的话吗?

这时，一个看上去只有五六岁的小男孩把手举了起来，刚举到一半又放下了，过了会儿，又举起来了，这一次再也没有放下。

医生将小男孩带到手术室，小男孩僵直地躺在手术床上，看着自己的血液被一点点地抽走，他的眼泪也掉了下来。医生却想不明白他哭泣的原因。这个时候，孤儿院里面的护工赶过来，医生将这里的情况告诉护工，护工低下头，对小男孩说了一些话，小男孩破涕为笑了。

原来，这些孩子并没有理解医生的话，他们认为献血是用自己的生命去救那个小女孩，献完血之后自己就会死掉，小男孩也正是想到这一点，才伤心地掉下眼泪！医生弄明白原因后，心中又有了疑问："既然知道献血要死掉的话，那么这个小男孩为什么还愿意献血呢?"护工把医生的话转给小男孩，男孩的回答很简单也很短，就几个字而已，但是这几个字却感动了所有人。这个男孩说："因为她是我最好的朋友!"

宋姐爱心课堂

不得不说，小女孩结交了一个真正的朋友。或许有人会说，现在的孩子都被父母保护得很好，父母生怕孩子交了坏朋友，影响孩子的前途。那么如若故事中的小女孩也有这种想法的话，在她生命垂危的时候，又有谁能够挺身而出呢?

现在，很多孩子都是独生子，除了幼儿园的生活外，他们和同龄人相处的时间并不多。其实，让孩子和同龄人之间多多交流是非常有必要的。在孩子心里，他也希望能够得到同龄人的接受和认可，并且在这种过程中得到快乐。

孩子总是要长大的，总是要走进社会、独立生活。要想在社会上生存和发展，就避免不了与人交往、与人合作，所以，父母不能剥夺孩子交朋友的权利。小孩子在交朋友的过程中会遇到各种各样的问题，父母应该鼓励他们去寻找解决问题的方法和途径，学着调节自己与他人之间的关系。家长也应该给予适时的指导，提高孩子与人交往的能力，但万不可把自己的意志强加在孩子的身上，那样会起到相反的效果。

哈佛支招DIY

现代社会中，很多父母好像并不赞成孩子有太多的朋友，因为他们心中也有很多的担心：太贪玩会影响学习；交到坏朋友，不利于孩子的成长等。其实，只

全面解读哈佛大学智能教育经典

要家长在旁适时地引导，那么这些担心也就不足为虑了。

●融入孩子，和孩子的朋友做朋友

如果孩子所交往的朋友并没有对孩子造成坏的影响，也没有把孩子引入歧途，那么父母就大可不必强行制止孩子和朋友之间的交往。如果父母发现孩子的朋友有一些不好的习惯或品质，害怕孩子会因此而受到影响的话，可以适当地对其进行引导。

比如把孩子的朋友请到家里来做客，和孩子一起玩游戏、聊天等，在这种过程中，多了解孩子的朋友，并教导他们分辨是非的能力，教给他们处理问题的方法。此外，父母应该和孩子坦诚以待，那么孩子自然也会将父母当作朋友，和他们无话不谈，那么父母所担心的问题也就迎刃而解了。

●家长要给予孩子良性的引导

父母在孩子选择朋友的问题上，应该给予良性的引导，帮助孩子选择适合孩子成长的朋友。孩子有选择朋友的权利，不过有时候他们也希望父母的参与，并且能够给予他们建议。

如果父母强制干涉的话，只会引起孩子更加激烈的逆反心理，明智的家长应该将自己的姿态放低，和孩子处于同等的位置上，帮助孩子想出解决的方法，给孩子一个合理的建议。父母可以选择讲故事、列举事实的方式，对孩子讲述其中的利害关系，让孩子明白父母的良苦用心，理解父母的态度和判断。大多数时间，孩子还是会听取父母的建议的，只是父母不能操之过急，更不可大声训斥孩子。

●根据孩子的性格给予适当的建议

孩子选择朋友也是对父母的考验与挑战。孩子的性格、成长环境、处事方法等这些都是孩子择友时需要考虑的因素。所以父母应该根据自己孩子的特点，采用不同程度的"干预"方式，或者加以提醒建议等，帮助孩子选择适合的朋友。

哈佛小语 ♡

哈佛教育专家认为，父母应该让你的家变成孩子喜欢来玩的地方，这将有利于你更好地了解他们，从而对他们做出正确的引导。如果父母只是一味地干涉孩子交朋友，这样只会让孩子感到委屈和难过。

办事能力，让孩子沉着应对问题

幸运并非没有许多的恐惧与烦恼，厄运也并非没有许多的安慰与希望。

——[英] 弗朗西斯·培根

⊙ 阅读时间：<u>25</u>分钟　　🎓 受益指数：★★★★

安全是一切事情的前提

一个身心健康的孩子，想要让其安全顺利地长大，离不开对其自我保护能力的培育。自我保护是孩子必备的基本能力之一。只有具备了自我保护能力，孩子才能在遇到困难与挫折的时候，能够冷静地思考应对的策略，最终顺利解决问题。家长在孩子很小的时候就应该注重培养孩子的自我保护能力。

🧒 故事的天空

麦迪的爸爸腿受伤了，所以每次洗澡都需要妈妈的帮忙。

这天，6岁的小麦迪写完了自己的家庭作业后，想要征得妈妈的同意玩一会儿电脑。他走进浴室，发现爸爸妈妈都躺在了地上，而房间里到处都充斥着瓦斯的味道。他跑了过去摇了摇地上的爸爸妈妈，发现他们都失去了意识。

随后小麦迪并没有像其他的孩子一样不知所措，他冷静地关上了热水器的瓦斯阀门，然后把屋子里的窗户都打开了，随后又拿起电话拨通了医

院的急救电话。挂了电话之后，小麦迪意识到自己的身上没有钱，所以又拨通了爷爷的电话。

几乎是在同一时间，爷爷和救护车都赶到了麦迪家楼下，他们一起把爸爸妈妈送到了医院。经过抢救，爸爸妈妈脱离了生命危险。

如果小麦迪没有冷静且及时地拨通电话，谁也不能保证他的爸爸妈妈是否还能够再醒来。

为什么小小的麦迪能够有条不紊地处理这次的突发事故呢？原来，小麦迪在幼儿园里接受了安全教育，而且回到家里的时候，爸爸妈妈也会告诉他一些安全常识。所以知道了这些知识的小麦迪在遇到这次事故的时候才能熟练地处理。

宋姐爱心课堂

小麦迪掌握了安全知识，成功地挽救了父母的生命，防止了一次家庭悲剧的发生。由此可见安全教育不仅可以让孩子自己免于危险，还可能帮助大人免于危险。

开展安全教育是迫切而又必需的教育要求。安全是人类最基本也是最重要的需求，安全就是生命。安全是孩子生存的基本保障。采用安全措施，防止各种事故的发生已经成为了家长以及学校刻不容缓的责任。

活泼好动是孩子的天性，而孩子在玩耍的过程中总是存在着各种各样不安全的因素。作为家长，不仅要教会孩子相关的安全知识，还要告诉他们应对危险的方法，这样他们在遇到危险的时候才能保护自己。

培养孩子的自我保护能力，不是一朝一夕的事情，不可急于求成。父母要在日常生活中，时时注意并提醒孩子，教会孩子如何辨别危险，如何避免和处理各种危险状况。

哈佛支招DIY

家长应该让安全教育渗透到孩子的日常生活中。其具体做法不妨参考哈佛教育专家所给出的几点建议：

●厨房里的安全教育

很多家长认为厨房应该是孩子的禁地，因为厨房里很容易发生意外，如煤气泄漏、打碎碗等。因此很多家长禁止孩子出入厨房。其实，家长可以借助这些机会培养孩子解决问题的能力，提高他的自我保护意识。这时家长需要告诉孩子这种意外为什么容易发生、应该如何应对这些意外。

●马路上的安全教育

当家长带领孩子过马路的时候，家长可以趁机告诉孩子各种交通标志以及它们的用途，并告诉他们如果看到这种标志应该怎么做。家长还要让孩子懂得一些简单实用的交通规则，如过马路要走人行横道、红灯停绿灯行、斑马线的作用等，这些都是让孩子学会自我保护的前提。

●遇到陌生人的安全教育

家长要教育孩子，不要随便跟着陌生人离开；陌生人送东西，不要接受；发现有陌生人尾随，可以机智地进行躲闪，如果没有躲过，陌生人仍然追随，或者强行带自己走，这个时候，自己可以大声喊叫，并且跑向附近有人群的地方求助；自己一个人在家的时候，绝对不可以给陌生人开门，哪怕这个人宣称自己是警察也不能开门；当走丢了的时候，告诉他应该立即拨打110求助，不能跟任何陌生人走；当遇到有人勒索钱财，可以暂时妥协，尽可能地避免受到伤害，一定要记住安全第一，与此同时，可以记住犯罪嫌疑人的样子，事后及时报警。

●遇到自然灾害的安全教育

当孩子遭遇失火、地震等自然灾害的时候，要大声喊叫，提醒其他家庭成员迅速撤离危险地点，沿着安全通道迅速离开房间，到达预先观察好的户外安全地带。如果在意外中受伤，流血不止，应该马上用干净的布，例如毛巾等，把伤口包扎好。然后，给家长或者120打电话求助。

以上这些看似简单的安全措施，应该让孩子牢记在心，这样孩子才能在遇到危险的时候处变不惊、随机应变。父母应该把对孩子的爱转化为对他们生存能力的培养、对他们健康人格的锻造，这样孩子才能健康顺利地长大。

哈佛小语 ♥

哈佛教育专家认为，培养自我保护能力是孩子能够快乐健康成长的必备能力。为了孩子的健康和安全，家长和老师应该尽早教会孩子一些必要的安全常识以及处理突发事件的方法，培养孩子自我保护能力及良好的应急心态。

你不能解决问题，你就会成为问题。

——[美]埃尔德里奇·克里佛

⏱ **阅读时间：**<u>25</u>分钟　　🎓 **受益指数：**★ ★ ★ ★ ★

让孩子自己解决问题

当孩子不知道怎么解决问题的时候，总是会向父母寻求帮助，而很多父母都认为孩子不具备处理问题的能力，因此在孩子乱了手脚的时候，总是会代替孩子解决问题。其实，这样的教育不仅不能帮助孩子成长，反而会对孩子的成长产生阻碍。最明智的方法就是要和孩子一起分析问题，让孩子自己找到解决问题的方法。

👦 故事的天空

凯瑞今年已经5岁了，她在一家幼儿园里上中班。

有一天，凯瑞突然想起老师让她带红色的东西去幼儿园，但是时间已经来不及了，因为她已经走在了去幼儿园的路上。

这该怎么办呢？

凯瑞着急地向妈妈求助，妈妈提醒凯瑞："你的身上有没有什么东西是红色的呢？"

凯瑞听到妈妈的话，看了一下，发现自己的帽子是红色的。于是她高高兴兴地去幼儿园了。

过了几天，幼儿园的老师要求大家每个人都去看一本童话故事，然后拿到课堂

上和大家一起分享。听妈妈讲童话故事可是凯瑞每天晚上都要做的事，所以她欢天喜地地回家告诉了妈妈，没想到妈妈却这样说："亲爱的，你不觉得老师的作业是留给你而不是留给妈妈的吗？老师说的是让你们自己去看一本童话故事，而不是妈妈给你讲。"

"可是妈妈，我不认识那么多字啊！"凯瑞委屈地说。

"妈妈就在身边啊，如果有不明白的地方，随时可以来问我。"妈妈说。

于是从那天开始，凯瑞每天吃完晚饭都会拿着故事书看，甚至还在空白处用各式样的条纹、简单的单词做了笔记，只要遇到不会的，马上就会去找妈妈。

就这样，一个月过去了。当老师让大家分享自己学会的童话故事，班上只有两三个小朋友能够讲出完整的故事，而小凯瑞则滔滔不绝地讲出了五六个，甚至还自己动手用彩纸做了公主帽子搭配演讲，真是有趣极了！

宋姐爱心课堂

自己做和家长帮忙做，效果大不相同。凯瑞的父母正是把学故事这件事完全"下放"给了凯瑞，才让孩子收获良多。

在帮助孩子提高解决问题的能力之前，家长要先倾听孩子的心声。只有真正了解孩子内心的想法，才能从孩子的立场上来看待问题，引导他们找到问题的症结所在，继而制订出合理的解决方案。所以，父母应该学会与孩子做朋友，让孩子相信父母。当他们遇到解决不了的问题时，才愿意主动向父母求助。

解决问题的方法有很多，但是很多问题通常不能一下解决，需要循序渐进，不能急于求成。当孩子遇到问题或者与父母之间产生分歧的时候，父母要静下心来与孩子一起探讨解决问题的方法，而不是当孩子不认同自己的观点时，自己直接向孩子发出指令："你必须……""你这样做……"当家长在与孩子经过了前期的商讨得出一套解决方案之后，应该再与孩子一起商讨这个解决办法的可行性，或有没有其他的解决方案等。

家长需要特别注意的是，在与孩子探讨的过程中，对于孩子提出来的方法，家长一定要慎重对待。即使孩子提出的方法不可行，也不要直接给予否定，而要耐心地向孩子解释，并且引导孩子朝着可行的方向思考。

当挑选出双方都认可的方案时，父母还要带着孩子进行一些尝试，确定这个方案是否真的有效。如果无效，家长要与孩子一起分析问题到底出在什么地方，应该怎么做才更加合理，然后再次制订解决方案。

在与孩子进行交流的时候，家长一定要注意方法。当家长讲话得不到孩子的反应时，家长不要用"不""不要"这样的否定言辞，也不要用命令的语句呵斥孩子，而要像对待成年人一样尊重孩子。

哈佛支招DIY

在日常生活中，孩子在做事情的时候经常会遇到一些问题。哈佛教育专家主张，家长要给予孩子适度的挫败感，让孩子在挫折中学会自己解决问题。

●让孩子学会自己使用餐具吃东西

孩子在刚开始拿着勺子学习吃饭的时候，经常会把饭、零食弄掉，或者把汤汁洒在桌子上，这时家长不要太过责怪孩子，或者因为担心孩子而不让孩子动手，这样就剥夺了孩子学习的机会。家长应该让孩子在不断拿取和正确放置过程中，慢慢学习进步。

●让孩子学会自己穿、脱衣服和鞋

可以让孩子先学习脱衣服，再学习穿衣服、穿鞋，这个过程中可能会出现扣子扣错、鞋子左右脚不分的情况。这时千万不要给孩子太多斥责或者干脆替孩子代劳，而应该拿起衣服或鞋子给孩子讲解示范，然后再鼓励孩子自己试一遍。

●让孩子玩拼图、堆积木的游戏

玩拼图、堆积木等游戏，对开发孩子的脑力十分有利。不过因为孩子年龄的不同，在不同的阶段会有不同的表现。有时候孩子会因为玩不好或者方法不对而生气，这时父母不要太过着急，只要静静地在一旁观察，让孩子自己摸索即可。

●让孩子爱上涂鸦

给孩子几支彩笔、一张纸，你将会收获很多意外惊喜。孩子会凭借自己的想象力而任意发挥，虽然有时会画到纸张外面，父母也不必生气，不要抓着宝宝的手，教他怎么才能画好，只要让他自己练习就可以了。

哈佛小语 ♡

哈佛教育专家认为，解决问题的关键就是要找到对应的方法，每一个问题都可以通过多种途径来解决。家长要做的就是引导孩子找到解决问题的办法，而不是直接代替孩子解决问题。

要想得到一种见解，就需要你动手做一做，只有动手做了，你才能够真正了解实践的意义，你才能有自己的首创精神。

——[俄] 费奥多·米哈·伊洛维奇·陀思妥耶夫斯基

🕐阅读时间：25分钟　　🎓受益指数：★★★★

动手让孩子更聪明

灵巧的手是一个人大脑发育良好的表现之一，在大脑中有20万个神经细胞负责支配手部动作，有5万个神经细胞负责躯干的动作，所以大脑发育对手的灵活性有着很重要的影响，而手部动作敏感度又可以反过来促进大脑各个区域的发育。

故事的天空

玩是孩子的天性。琳达从孩子爱玩的特点出发，给孩子买了很多积木，大的、小的、木头的、塑料的，简单数一数，家里的积木最少有五套。每当孩子拿着家里的空瓶子、杯子玩耍的时候，琳达也并不阻止。而且，琳达还经常带着孩子去各地游玩，在孩子玩的过程中锻炼孩子的动手能力。当孩子稍大一点的时候，琳达给孩子买了很多拼图，通过一点点的积累，孩子能拼的图案越来越多。

因为对孩子动手能力的培养，琳达的孩子从小就表现出了区别于普通孩子的动手才能。在做游戏的时候，他搭的积木比别的孩子更有创造力；在讲故事的时候，别的孩子讲的都是现成的故事，而琳达的孩子总是自己编故事；在参加拼图比赛的时候，高年级的孩子都拼不出来的图案，琳达的孩子轻轻松松就搞定了。

到了小学二年级，琳达的孩子已经可以轻松自如地拆装家里的电风扇了。每到换季的时候，家里的电风扇的拆装都由这个小家伙搞定。有一次他的眼镜坏了，爸妈让他拿到眼镜店修理，没想到这个小家伙没几分钟就把自己的眼镜修好了。现在如果家里有什么电器坏了，小家伙一般都能自己修好，成为了家里的"电器维修工"。

🙋 宋姐爱心课堂

琳达父母的做法很值得我们学习，他们并没有阻止琳达去进行一些没有危险的"拆卸活动"，并且还为培养他的动手能力，提供了很好的环境，进而使得琳达要比同龄人懂事聪明得多。

培养孩子的动手能力，家长不仅不要限制孩子的发展还要给孩子创造机会，给予孩子相对独立的空间和自由，培养孩子自主选择和处理问题的能力。让孩子在尝试的过程中品味失败，这样孩子才能从失败中吸取教训，快乐成长。

进行一些劳动技能的培养，不仅可以提高孩子的动手能力，让孩子通过自我动手实践，了解生活的不易，学会珍惜，还能让孩子的手臂肌肉得到锻炼，促进身体发育，增强身体协调能力与身体素质，进而促进孩子脑部发育。

家长要鼓励孩子多做一些力所能及的事，例如收拾自己的玩具、摆放好自己的书本和笔、自己穿衣服、系鞋带、自己吃饭。如果孩子自己可以完成这项事情，家长千万不要去帮忙。当然，让孩子做自己能够做到的事情并不是要家长完全放手，放任孩子"自生自灭"，而是要站在一旁鼓励孩子，给孩子加油打气，让他们有充分的信心，能够找到坚持的动力，在孩子遇到困难而沮丧的时候，及时地化解孩子的不良情绪，让孩子继续前进。

一些日常整理工作虽然看起来微不足道，但在实际上却给孩子创造了很好的锻炼机会，锻炼了孩子的独立生活能力。当然，这时家长对孩子的赞赏也十分重要，当孩子完成一件事情的时候，给予一些奖励可以让孩子增强信心，让他们亲身体会到自己动手的快乐。

很多家长都对自己孩子的动手能力表示怀疑，为了避免危险不让孩子去做任何事情，而且对于孩子好奇的提问总是敷衍了事，也从不主动找孩子谈心。这些都是造成孩子日后懒惰的重要原因。

人只要一产生惰性，就不愿意自己思考问题，更不要说动手做一些事情了。慢慢地，孩子就没有了独立性，事事都依赖别人了。

哈佛支招DIY

哈佛教育专家建议，家长可以在日常的活动中锻炼孩子的动手能力，让孩子变成一个"心灵手巧"的宝贝。

●做手工，小手更灵活

2岁半的孩子可以开始学习一些简单的折纸，从3岁开始孩子可以学着拿剪刀，先学剪纸条，然后学着剪一些比较普通的图形，可以用纸条贴成链条或者用方纸贴成花篮等。4～5岁的孩子可以学着剪更复杂的图案。如果男孩子更喜欢车、船、飞机、大炮等，家长可以教孩子做一些这样的模型。

●自己动手，快乐多

平时家长可以有意识地让孩子给父母倒水喝；吃饭的时候，让孩子自己拿着筷子吃；让孩子学习擦桌子扫地、自己整理玩具、洗手绢等。以此来培养孩子的动手能力。

●玩具相助，乐趣多

玩具是孩子最好的朋友，家长可以给孩子提供玩具，比如：积木、插塑、沙石、冰雪、拼装玩具、橡皮泥等，让孩子自己发挥创造。

聪明的家长应该顺应孩子喜欢动手的规律，拿来一些废纸让孩子撕，给他一些木头和棍子让他敲打，买来一些彩笔教孩子学画画，找一些不用的小瓶小盒让他玩，也可以为他准备一些积木以及自制拼图、橡皮泥、七巧板等玩具，让孩子在动手的同时也动脑。

哈佛小语 ♡

哈佛教育专家认为，不要小看孩子的动手能力，家长应该有意识地让孩子做自己力所能及的事情，让孩子从小就养成"自己的事情自己做"的意识，培养孩子的动手能力，增强孩子的自信心和独立解决事情的能力。

自控能力，让孩子学会控制自己

测量一个人的力量的大小应该看他的自制力如何。

——[意] 阿利盖利·但丁

🕐 阅读时间：<u>30</u>分钟　　🎓 受益指数：★★★★★

自制力强，才能集中注意力

　　注意力是孩子学习与生活的基本能力，注意力的好坏不仅直接影响着孩子的认知与身心各方面的发展，而且还对其入学之后学习成绩的好坏有很大的影响。孩子注意力的形成尽管与先天的遗传有着一定的关系，但是后天的环境和教育的影响则更加重要。家长应该以孩子身心发展的规律和特点为依据，为孩子创造一个良好的教育环境，从孩子出生开始就有意识地培养孩子的注意力，帮助孩子养成良好的习惯。

故事的天空

　　有一个名叫玛妮雅的小姑娘，学习的时候十分专心。无论周围的环境怎么闹，都不能分散她的注意力。

　　有一次，玛妮雅和姐姐一起做功课，姐姐对她说："玛妮雅，来，我们一起唱歌吧，今天在学校我学会了一首很好听的歌，我教给你。"

　　玛妮雅却说："不，姐姐，我想我还是要先把作业做完。"

　　姐姐看她不感兴趣，顿时没了兴致，也写起了作业。没过多久，姐姐的同学来了。于是姐姐放下笔，两个人在家中大声唱起歌来。歌声真大啊，连落在窗外的鸟儿也被震得飞走了，但玛妮雅仍旧低着头自顾自地写作业。

　　姐姐看玛妮雅仍旧不加入唱歌，仿佛赌气似的唱歌的声音更大了，甚至跳起舞来，而玛妮雅仍旧仿佛没看见也没听见一样，专心致志地看书。

　　姐姐与同学就想试探一下她。她们悄悄地在玛妮雅身后搭起了几张凳子，一旦玛妮雅动了，凳子就会倒下来。时间慢慢地过去了，玛妮雅看完了一本书，凳子仍旧竖在那里。

从此之后，姐姐与同学再也不捉弄她了。玛妮雅长大之后，成为了一位非常伟大的科学家，她就是闻名于世的居里夫人。

宋姐爱心课堂

玛妮雅之所以能够成为世界科学巨匠，这和她从小的自制力是分不开的。而作为父母，也应该注意培养孩子的自制力，为孩子的以后打下坚实的基础。

孩子的注意力不集中，不是因为孩子笨或者其他原因，只是因为孩子还没有拥有自我控制的能力。千万不要因此就给孩子不良的暗示。通过适当的培养，孩子是完全可以改变这种局面的。家长要让孩子相信，自己也可以集中精力地做事情。习惯成自然，培养注意力可以全面集中精力做事情。

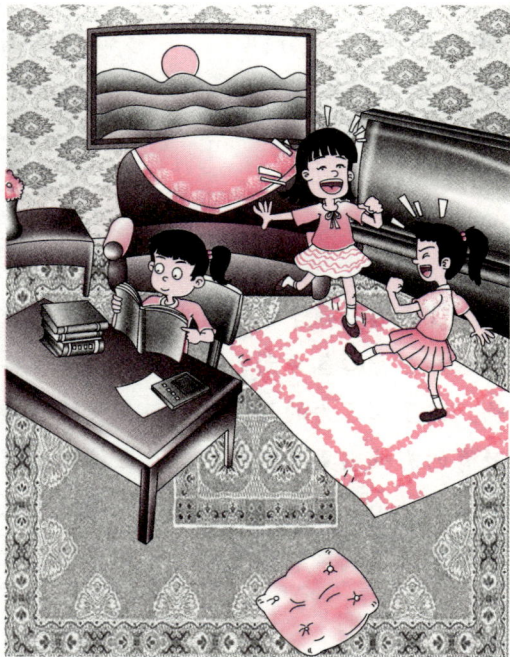

为何有些孩子的注意力可以始终集中？而有些孩子注意力却总是不能够集中呢？除了没有学习的目标、兴趣以及自信之外，最重要的就是没有自控能力，不擅长将自己内心的干扰排除。新西兰人埃德蒙·希拉里是第一位成功征服珠穆朗玛峰的人，当他被问起是怎样征服这个世界最高峰的时候，希拉里是这样回答的："我真正征服的并不是一座山，而是我自己。"

这种优秀的品质就被称为意志力、自制力或者克己自律。俄国教育家乌申斯基曾经说过："注意是心灵的天窗。"亚里士多德曾说："美丽的人生建立在自我控制的基础上。"自制力指的是孩子在意志行动里擅长控制自己的情绪，对自己的言行进行约束。自制力对于孩子走向成功有着相当重要的作用。

孩子的自控能力差是其注意力不容易集中的一个很重要的原因。当有新刺激出现的时候，成人能够约束自己不去关注它，但是孩子却很不容易做到。所以，为了培养孩子的注意力，家长可以有意识地创建情景逐步提高孩子的自我约束能力。

控制不住自己的情绪，很容易激动、发怒，都是缺乏自我控制能力的主要表现，这样的人会破坏自己的想象力，也很容易损害自己的人际关系。

培养孩子的自我控制能力，就需要孩子学会自我规划与自我管理能力。对于孩子的事情，家长不应该包办代替，而应通过逐步地引导，来培养并增强他们的自控能力。在日常生活中，家长应该引导孩子通过独立思考与探索，去发现、筛选与确立适合自己的年龄、兴趣与性格的各种目标，并为目标去努力。不要对于孩子的大小事都过问，应给孩子独立自主的权利，应引导与鼓励孩子按自己的规划来管理自己的言行、卫生、物品等。

在孩子犯错的时候，家长不要打骂孩子，而要有意识地引导孩子自我改进。这样一来，孩子不但可以发现与认识自己的不足，不断地进行改进，而且还会将自己最新的成绩与进步作为起点，不断地去超越自己。

哈佛支招DIY

要想快速地提升孩子的注意力，就需要给孩子提供一个更容易提高注意力的环境。作为家长，应该怎样做呢？哈佛教育专家给出了这样几点建议。

●给孩子营造一个安静、简单的环境

通常，孩子稳定性比较差，很容易因为新奇事物而转移注意力，这是他们的共同特点。所以，家长应该根据这个特点，将各种可能分散孩子注意力的因素都排除掉，为孩子创造一个安静的环境。比如，孩子安静玩游戏或者看图书的地方应该远离过道，以免他人的来回走动对孩子产生影响；墙面的布置不应该太过花哨；电视、糖果等所有可能吸引孩子注意力的物品也应该摆放在较远的位置。

●家长不要打扰全神贯注的孩子

当孩子正在全神贯注地做一件事情的时候，家长不应该随意地去打扰孩子。不少家庭都存在这样的现象，孩子正聚精会神地玩耍的时候，爸爸或妈妈突然走过来问："宝贝吃饱了吗？"奶奶又走过来说："宝贝，来喝点果汁。"过一会儿，妈妈又喊道："宝贝，你帮我拿点××。"在短短几分钟内，孩子的活动被大人们打断了好几次，时间长了，自然就没有办法集中注意力了。

●规律地生活才能形成良好的自控能力

家长们应该注意，让孩子的生活张弛结合、动静交替。孩子一天生活的节奏

及各种活动时间的长短都对他的注意力产生影响，作为家长，应该注意将孩子的生活作息安排好。比如，孩子在户外打闹玩耍，心跳会加速，全身的每个细胞都处在一种兴奋状态。进入室内之后，孩子很不容易马上进入绘画或者读书等安静活动中。有的家长却要求孩子立即安静下来，集中注意力。这种要求本身就不是合理的，是与孩子身体器官的运作规律相悖的。

哈佛小语 ♡

哈佛教育专家认为，只要你坚持不懈，就能够很好地锻炼并且提高你的自律能力、意志力、效率、自信心。

爸 妈 私 房 话

在坚强的自制力面前，所有的一切都会臣服。

——[印] 泰戈尔

⏱ 阅读时间：25分钟　　🎓 受益指数：★★★★★

战胜欲望和诱惑

　　哈佛教育专家认为，欲望是人的天性，世间有种种诱惑，很多成人面对这种种的诱惑，还不能自制，更不要说各方面还没有发育完善的小孩子了。在这种情况下，父母就有责任培养孩子的自制力，为孩子走入社会打下坚实的基础。

👦故事的天空

　　柯尔先生的儿子肖恩是哈佛大学的一名学生。在肖恩很小的时候，他经常会有很多无理的要求，比如昨天刚刚买了玩具，今天就又吵着要新的；上午刚刚去过公园，下午就还喊着要去。刚开始，对于肖恩提出来的要求，柯尔先生真的不知道该如何拒绝，于是便干脆一一答应下来。后来，柯尔先生加入了"家长联盟会"，并且学会了拒绝孩子无理要求的方法。

　　自从柯尔先生加入"家长联盟会"后，他发现以前在他看来很棘手的问题都能迎刃而解了，那就是给孩子的欲望设定一个底线，这样一来，所有的问题也就都解决了。

　　有一次，肖恩想要一款新型的遥控飞机时，柯尔先生拿出了"除非生日和圣诞节，其他的时间不允许为孩子购买30美元以上的礼物"这条规定，当场拒绝了肖恩。

虽然肖恩心里很不高兴，但是也无法违背他们制定的这条规定，这一次他并没有像往常一样大吵大闹，而是把这个要求悄悄留在了圣诞节那一天。

很多父母加入"家长联盟会"后，都有过和柯尔先生类似的经历，这种方法也得到了他们一致的赞同。

宋姐爱心课堂

很多家长都遇到过和柯尔先生一样的问题，面对孩子各方面的要求，父母并不知道该如何回绝，也不忍心看到孩子失望的表情。不过，过度地纵容孩子，可不是什么好事情，有些时候还真的像柯尔先生一样，知道如何拒绝孩子的无理要求。

小孩子的欲望和成人比起来，比较单纯，表达方式也比较直接。比如，幼儿园的小孩子如果喜欢一个玩具，会将它偷偷地带回家；有一些孩子偷偷地一连几周都不吃午餐，为的就是把钱攒下来买自己喜欢的漫画书或者是玩具；还有一些小孩子，哪怕第二天有一场很重要的考试，他们也会看完自己喜欢的电视剧才睡觉。这时父母就要帮助孩子学会控制不合理的要求与欲望，提高自制力。

实际上，当孩子面临诱惑的时候，也正是父母教导孩子的最好时机。如果过分溺爱孩子或者是对孩子的要求只是一味地满足和放纵，那么就会让孩子的欲望变得带有侵蚀性，不利于孩子的人格发展。

哈佛支招DIY

哈佛教育专家认为，自制力可以帮助孩子战胜欲望与诱惑。所以，当家长面对孩子经常性地提出一些无理的要求或者滋生不良的欲望时，不妨试试以下提升孩子自制力的方法：

● 孩子的要求不可以都答应

很多父母在孩子的衣食住行方面，都尽量给予最大的满足。不管孩子想做什么，父母都会想尽办法地去满足孩子的要求；有一些父母甚至明明知道这件事情对孩子有坏处，但是一看到孩子眼泪汪汪的样子，便心生不忍，在眼泪的攻势下，答应孩子的要求。其实这种教育方式是完全错误的，这属于溺爱孩子，很容易滋长孩子身上自私、攀比的恶习。面对这种情况时，父母应该引导孩子控制好自己的欲望，提高孩子的自制力，否则后果将不堪设想。

● 不能将学习当成孩子生活的全部

望子成龙、望女成凤是每一对父母的愿望，他们希望孩子能够把学习放在生活的首位。除了学习之外，他们不允许孩子有额外的活动，更不要说什么"网络游戏"了。

当孩子喜欢上网络游戏的时候，很多父母便像陷入了"大恐慌"一样，无法冷静对待，更有甚者对孩子非打即骂，想要通过这种严厉的方式，把孩子这种坏习惯给纠正过来。其实，父母的这种做法不但压制不住孩子心中的欲望，还会因这种错误的教育方式而激起孩子的反叛心理，最后使得孩子干脆彻底放弃学习，自暴自弃。

所以，对于一些自制力比较差的孩子来说，父母的这种管教方法是不正确的。哪怕这种方法让孩子在一个阶段的学习成绩上去了，但是他也会再次因为这种恶习而停滞不前，甚至是倒退。

父母应该用科学的方法，帮助孩子提高对外界诱惑的自制力。只有这样，父母才能够引导孩子走向成功的道路。

● 引导孩子摒弃不合理欲望

孩子还很小，有的时候对一些事情只是一时的兴趣，比如当他看到有人在吃棒棒糖，马上就会向家长也要一支，全然不顾昨天才刚刚哭着看完牙医。所以，当孩子出于下意识想要某些东西的时候，家长一定要在旁劝导，例如，"你忘了昨天医生叔叔才告诉你不要吃糖吗？牙齿里的细菌会出来作怪的！"或"你真的喜欢钢琴吗？上次你才说要学画画，还是再考虑一下吧！"

哈佛小语 ♡

哈佛教育专家认为，在人生的道路上，我们会遇到各种各样的诱惑，让你防不胜防。诱惑就像无处不在的细菌一样，进入你的身体，侵蚀你的生命之树。如果不能好好地掌控欲望，那么它会把你推入万劫不复之中。

即使是孩子，如果不能学会战胜自己，将来也不会有什么大的作为。

——佚名

● 阅读时间：<u>25</u>分钟　　🎓 受益指数：★★★★★

提高孩子的自制力

有自制力的人很少会受到外界因素的干扰，遇到困难挫折，忍耐力也会比较强；做事有计划，具备一定的生活自理能力；能够控制自己的情绪，进行换位思考。自制力对孩子来说是不可或缺的，家长要加强对孩子自制力的培养。

故事的天空

茱莉亚的班里有一个特殊的孩子——艾玛。她4岁开始学习芭蕾，5岁开始学习电子琴，6岁学绘画，应该说是多才多艺吧？但是，在她学习的诸多才艺中，没有一样是擅长的。她的爸爸妈妈对此很苦恼。

茱莉亚发现，这个孩子在遇事的时候总是3分钟热度，自制力很差。每次茱莉亚给大家讲新课程的时候，她就开始走神做小动作了。而且只要课堂上有一丁点儿新的变化，就能把她的注意力吸引过去。比如，有一次，舞蹈课老师上课上到一半的时候，小艾玛突然举手要求发言，可是没想到，她发言的内容竟然是："老师，你的新裙子真漂亮，上面的花朵是不是你自己弄上去的？我妈妈也会弄呢。"而且每到美术课，她总是画画还没动几笔，就被外面孩子的嬉戏声吸引过去，跑到教室外面去了。

茱莉亚跟艾玛聊了很多次，要她学会管理好自己，要像别的小朋友一样在上课时认认真真听讲，不要理会外面的声音，更不要在自己手头上的事情还没完成的时候又去做别的事情……每次艾玛都会很认真地点点头，并保证不会再这样做了。但是一转眼，她就又恢复了老样子，完全没有一点儿自制力。后来茱莉亚向艾玛的妈妈了解情况发现，虽然艾玛已经6岁了，但是家里的事情她几乎都不会做。

🙂 宋姐爱心课堂

艾玛为什么自制力会这么差呢？就是因为她的爸爸妈妈总是无节制地满足孩子的要求。孩子的心智还不成熟，家长的溺爱就容易养成孩子霸道专横的性格，影响自制力的培养。

大部分孩子都喜欢无节制地向父母提出各种要求，比如今天想要新衣服，明天想去游乐园……如果家长毫无选择地一律满足孩子的要求，孩子就容易成为任何事都为所欲为的人，完全丧失了自制能力。因此父母不应该对孩子的要求全部满足，要注意在点点滴滴中培养孩子的自制力。

孩子太小，没有足够的判断能力来评价自己的行为是否正确，因此，需要父母对孩子进行相应的管教，让孩子明白应该做什么，不应该做什么。等孩子明白了这些道理之后，就会慢慢学会约束自己的行为了。

哈佛教育专家认为，一个孩子的自控能力与孩子的智力因素是没有关系的，自控能力主要来自于孩子的内心，而不是头脑。这种能力是一种心理因素，协调着孩子的行为。每个孩子的自控能力都存在着差异性，正是因为这些差异性，导致了孩子行为上的不同。

从早期教育开始，拥有较强自控能力的孩子，能够在遇到事情时做出正确的判断，让自己的行为始终保持在正常的范围内。这样的孩子往往能够积极、持久、稳定、有序地去实现自己人生的一个又一个目标。

😊 哈佛支招DIY

哈佛教育专家认为，家长可以通过家庭训练来培养孩子的自制力。那么，具体应该怎么做呢？

● 日常生活中的锻炼

在家庭日常生活中，家长有很多培养孩子自制力的方法。比如，让孩子每天自己叠被子，收拾自己的小房间，也许孩子开始时会觉得很新鲜，但是时间一长，有的孩子就会逃避，这时家长千万不要心软，要通过鼓励和讲道理的方法来激励孩子继续做下去。

● 游戏里培养自制力

对孩子来说，游戏是最好的教育媒介。家长可以通过一些简单的小游戏来锻炼孩子的自制力。例如与孩子玩"木头人"游戏，家长与宝宝比赛，看谁一动不动坚持的时间最长。通过这样的训练，孩子在不知不觉间就提高了自己的自制力。

● 建立家庭制度

家长可以与孩子一起制定一些日常生活制度，例如孩子玩游戏的时间、家长看电视的时间、去游乐园的次数等。一旦制度规定下来之后，就不能再变动，孩子和父母都要严格遵守，当有人做不到时就要提醒他，这样孩子在与家长一起遵守制度中，自制能力就会慢慢提升了。

哈佛小语 ♥

　　哈佛教育专家认为，孩子自制力的形成有一个过程，因此家长和孩子都不要急于求成，而且，在这个过程中一定会有反复的现象。当孩子的表现不尽如人意时，父母要及时坐下来和宝宝一起分析原因和对策，而不是简单粗暴地教训孩子。

阅读能力，让孩子与书籍交朋友

> 竭尽全力掌握各种语言，结交各式朋友，精通各类技艺及行业，如此努力方能成为一个完整的人。
>
> ——[美] 爱默生

⊙ 阅读时间：<u>30</u>分钟　　🎓 受益指数：★★★★★

书籍是了解世界的钥匙

哈佛教育专家一直秉承这样的理念：人类社会之所以能够不断发展，就是由于人们发明了文字，并且擅长读书与学习，不断相互传播知识的结果。这也许就是所谓的"知识就是力量"。

对于孩子而言，坚持认真读书与学习可以让其头脑变得灵活。读书、学习，使人类变得更加聪明；读书、学习，给了人类认识世界、改造世界的强大动力；读书、学习，熏陶、哺育与影响着人类的思想与理念，使得人类向着更加文明、和谐、理智的方向发展；读书、学习，使得人类不断地明辨是非，调整心态，鼓舞勇气，激励斗志，增强智慧，抛却陋习，实现了超越与跨越。

📖 故事的天空

书店的门还没有开，一个十分瘦小的孩子早已在店门口等候了。他拥有一头浓密的头发，一双大大的眼睛，苍白的脸色显示着他营养不良。他穿着单薄的衣裳，在寒冷的风中瑟瑟发抖。书店的门前有一大排台阶，为了让自己不再那么冷，他就一级一级地从这个台阶跳到那个台阶，就这样，他的身体慢慢地暖和一点儿了。过往的行人看到这个小孩在台阶上跳来跳去，都十分奇怪地看了他几眼。

这个小男孩名字叫海因里希·伯尔，是小镇上伯尔木匠家的孩子。他是这个书店的常客，每天放学后都会来书店看书。在节假日，他做完父亲交给他的活之后，几乎就一整天泡在书店中。但是他只看书从来都不买，书店中的店员都认识他，知道他家中很穷，买不起书，也从不阻拦他，让他尽情地看书。每当来了新书，店员们还会向他介绍。

终于，店门打开了，小伯尔第一个进入了书店。他非常有礼貌地向店中的阿姨问好。阿姨热情地问道："小伯尔，今天想看哪一本书呀？""《格林童话》还没看完呢。"小伯尔轻车熟路地走到书架前，急切地拿起那本《格林童话》看了起来。他双眼发亮，紧紧地盯着书本，完全沉浸在故事情节中。

《白雪公主》中7个小矮人机智的对话逗得他轻声笑了出来。他心想："7个小矮人依靠自己的劳动养活自己，从不饿肚子，也没人欺负他们，如果我像他们那样该多好！"他看到7个小矮人救了白雪公主，又被他们的善良感动着。他默默地流下了眼泪，又慌忙用手擦掉，生怕别人看到。小伯尔看书，忘记了时间，但是肚子可没有忘，这个时候，肚子"咕咕"地叫了起来。小伯尔这才想起来父亲让他吃完午饭之后去给教堂送雕像的事。他不情不愿地放下书，向家里跑去。

小伯尔的父亲专门给当地的教堂雕刻一些手工艺品，每天都让小伯尔给教堂送一次雕像，再将钱带回来供一家人吃用。每次父亲都会给小伯尔一些零钱，让他第二天上学的时候买面包吃。

小伯尔非常珍惜他那少得可怜的钱。他每天买一个最小的面包吃，将省下来的钱小心地放到一个铁罐中，然后将铁罐藏起来，小伯尔决定存了足够的钱之后，就去买一本他最喜欢的书。倘若每天可以多存一点钱，那么很快就能买到一本书了。如果将所有的钱都省下了，那么两三天之后就能买本书。对呀，为什么不把买面包的钱都省下来呢，这样一来，两三天之后就会有一本崭新的书属于他了。一想到几天之后将拥有一本属于自己的新书，小伯尔兴奋地上蹦下跳。

下午，送货回来之后，爸爸又给了他一些零钱。他小心地将钱一枚一枚地放进那个小铁罐中，然后又将铁罐藏起来……

在上学的路上，他又经过那个面包坊。一阵阵的奶油面包香味扑鼻而来，他使劲地咽了咽口水。面包坊的老板看到他走过来，走上前亲切地招呼他："小伯尔，今天想吃哪一种面包？我这里有火腿面包、奶油面包，还有新来的葡萄夹心面包。"小伯尔真的好想吃一个香喷喷的面包，但是为了他心爱的新书，他忍住了。他慌忙向面包房老板撒个谎："谢谢您，我已经吃过了。"说完，他一溜烟跑了。

讲台上，老师正在讲着数学题，但是小伯尔的肚子在唱"空城计"了。早上没有吃面包，到现在肚子里还是空空的。小伯尔在心中说："肚子，你别再叫了，我想要买一本新书，就委屈你了。等我将新书买回来，一定将你喂得饱饱的。"

就这样，小伯尔坚持了三天之后，终于存够了买一本新书的钱。他将小铁罐中的钱倒出来，认真地数了一遍又一遍。"嗯，现在足够买一本新书了。"他自言自语道。他再一次小心地将钱又放回铁罐中，抱着小铁罐向书店走去。

来到书店之后，他大声地对书店中的店员说："阿姨，我要买一本新书。"

这名店员奇怪地看着他，说："孩子，你有足够的钱吗？"

"我有，阿姨你看。"小伯尔一边说，一边将小铁罐高高地举了起来，摇了摇，铁罐中的硬币发出清脆的碰撞声。

店员不相信似的问道："你哪来那么多钱呢？"

"我将买面包的钱都省了下来。"

店员叹了口气，说："好可怜的孩子。"一边说着，一边走到书架前将小伯尔最喜欢的那本《格林童话》拿了下来。

买了新书之后，小伯尔高兴极了。他将新书紧紧地搂在胸前，仿佛害怕它逃走了似的，一路蹦蹦跳跳地回家了。

回到家中，他找来了一张牛皮纸，小心翼翼地将书的封皮包起来。然后，他将这本新书放在鼻子底下，久久地闻着从书页里散发出来的油墨芳香。"现在，这本书属于我啦，我拥有了一本新书了。"他有一点儿不敢相信似地喃喃自语。晚上，他将那本新书放到枕头底下，美美地睡觉了。

宋姐爱心课堂

伯尔在家境如此贫困的情况下，还把吃饭的钱节省下来，买了一本最喜欢的书籍。在小伯尔眼中，恐怕这本书要比填饱他的肚子更重要，而读书也就成了伯尔了解外界的主要途径。

在日常生活与工作中，书籍是绝对不可以缺少的。为了让孩子拥有一个幸福的人生，拥有多姿多彩的生活，家长就有责任、有义务让他们具有文学与音乐的修养。在孩子掌握了一定的词汇量之后，家长就可以有意识地培养他的这些爱好，因为很多时候一本好书能够改变一个人对事物的看法，甚至改变一个人的一生。对于孩子而言，阅读并不仅仅是单纯地去读故事，阅读的过程实际上是在阅读现实、阅读人生，而且阅读也是孩子适应社会的一种非常重要的练习。

哈佛教育专家认为，思考犹如播种，行动犹如果实，播种越勤，收获就越丰。一个阅读后擅长独立思考的孩子才能够感受到书本真正的乐趣。

就好像伟大的物理学家——爱因斯坦所说："学会独立思考与独立判断要比获得知识更为重要。"他还说过："不下决心培养思考习惯的人，就失去了生活的最大乐趣。"父母应该培养孩子独立思考的习惯，循序渐进地引导孩子认识这个世界，体味人生真谛，思考自己的未来。

有的家长在给孩子挑选书籍的时候，总是倾向于挑选一些美好的、甜蜜的、具有童话色彩的书籍。实际上，那些悲伤的、残酷的题材同样也是孩子需要的。因为他们长大成人之后，难免都会有悲伤、可怕、孤独的情绪。倘若从小就有了体验，遇到挫折的时候就不会不知所措，而是迅速镇定下来，想办法进行解决。

好的儿童读物与报刊内容十分丰富，而且生动活泼，更容易让孩子在阅读的过程中获得快乐，从而极大地激发他们的阅读兴趣，在潜移默化中提升他们的阅读能力。

哈佛支招DIY

书籍是了解世界的钥匙。培养孩子爱读书的好习惯，对于孩子成长成才有着极其重要的作用。作为家长，我们需要做些什么呢？哈佛教育专家给出了这样的建议。

●不同年龄的孩子选择不同的书籍

书籍是提高孩子智力不可缺少的工具，不过，针对不同年龄的孩子应该选择不同的书籍。对于0～1岁的婴儿来说，应该选用彩色图片，比如，一条狗、一个苹果、一支笔等，利用这些图片让他们认识平常看不到的东西或者与看得到的东西相联系。对于1～2岁孩子来说，应该选择有大幅图字的书，内容能够反映他们比较熟悉的事物，比如花、动物、房子等，并且与字相联系。对于2～3岁的孩子来说，应该选择含有故事内容的图画书，配合能够跟着念的儿歌。对于3～4岁的孩子来说，应该选择具有更多新鲜事物和细节的书，比如动物的故事或者简单短小的童话，也可以选择一些比较短的唐诗。在给孩子讲述故事的时候，应该鼓励孩子提问与插话，以便提高他们对学习的兴趣及思考能力。

● 选择好书的标准

为了让孩子的生活更加丰富多彩，不少家长都喜欢给孩子买各种书籍来阅读。但是，选择什么样的书籍是一个十分重要的环节。好书能够给孩子带来很大的益处，但是坏书却可能将孩子引入歧途。所以，家长在为孩子选择书籍的时候，一定要注意选择那些能够传播知识，传播好的思想，使人能够感悟生活、感悟人生、感悟生命的好书。

● 选书之前的准备工作

孩子可以在书中得到许多乐趣。家长在给孩子介绍适合的书籍之前，如果能够做好准备工作，将会收到更好的效果。比如，在介绍书籍之前，可以采用表演的方式告诉孩子书中非常有趣的情节，这样一来，孩子就会非常有兴趣去阅读那本书了。

哈佛小语 ♡

哈佛教育专家认为，家长的智力兴趣，决定了孩子的智慧；书籍在家庭精神生活中所占的地位，决定了孩子的智慧。所以，家长不但自己要读书，而且还要让自己的孩子读书，为孩子建立一个个人的藏书室。

人的影响短暂而微弱，书的影响则广泛而深远。

——[俄] 普希金

阅读时间： 25分钟　　**受益指数：** ★★★★

阅读需要技巧

　　哈佛教育专家认为，阅读就是让孩子通过阅读，体会感悟阅读背后的故事。即便只是让孩子阅读一个故事，倘若孩子可以熟读故事并且吸收使之成为自己的东西，能够将自己的切身感觉用文字表达出来，那也是一件很好的事情。是的，阅读不但要用眼睛去看，而且还需要孩子用心去体会、感悟，而体会、感悟的过程就需要让孩子重复阅读许多次。这样一来，不需要刻意地进行教导，他们自然而然地就能够领会自己思考的方法并寻找到阅读的技巧。

故事的天空

　　小哈林的父母都非常喜欢读书，家里有一个很大的书房，藏书很多。

　　在哈林还很小的时候，爸爸妈妈就经常抱着小哈林去书房看书，看着"壮观"的书柜，小小的哈林会觉得十分有趣——像山一样的书柜里装着那么多漂亮的书，多么有趣啊！

　　他们还根据小哈林的年龄给他选择适合他的书籍，并且有意识地与小哈林交流阅读心得。在父母的影响下，小哈林也成为一个"书痴"，不仅阅读各类书籍，而且还养成了写读书笔记的好习惯。

小哈林的笔记一般人是看不懂的。每天，他都会固定阅读至少2000字，遇到不会的字他会用红色的笔圈起来，遇到喜欢的话还要用绿色的框框起来……

小哈林在同龄孩子中就是无所不知的"小博士"，有的时候，连老师都不太清楚的问题，他都知道，所以大家遇到不懂的问题时，都喜欢来问问他……

宋姐爱心课堂

父母培养孩子的阅读能力，也需要根据孩子的年龄制订培养计划。哈林很小的时候，父母便开始让他接触书籍，虽然看不懂，但是却也潜移默化地让哈林爱上了书房，这也为他以后的阅读奠定了基础。

阅读对孩子具有积极的影响，不仅可以丰富孩子的认知、促进孩子的想象，而且还能够提高孩子的语言词汇量。如果你的孩子爱上了阅读，那么他就会终身受益。在阅读的时候，倘若能适当地使用一些技巧，往往可以取得事半功倍的效果，大大地提高阅读的质量。

"倘若你想要孩子完全按照你的计划阅读，那注定不会长久的。"这是哈佛的一位教授曾经说过的话。阅读是一种追求知识的行为，也是一种享受。如果孩子喜爱的阅读方式是一会儿翻翻这本，一会儿翻翻那本，这个时候，家长不用过多去管他。孩子早期的阅读心理，是孩子在阅读求知的道路上迈开的非常重要的一步，这个阶段主要在于培养孩子的兴趣即可。从上小学起，大多数孩子在阅读内容的选择方面已经逐渐形成自己的爱好与兴趣。对此，家长应当注意观察、了解与引导，但却不宜过多地进行干涉。

国际教育成就评估协会的一项调查结果表明，与其他任何国家的同龄人相比，美国孩子具有更强的阅读能力。美国学生的阅读能力超强的有力证据之一是：同是小学四年级的学生，能够阅读中等难度的成人报纸者在美国孩子中占78%，能够阅读难度较高的文学名著者占46%，比国际平均水平分别高出了27%与21%。

除此之外，美国孩子的阅读面也比其他国家同龄孩子要宽一些，涵盖了古典名著与比较浅显的科学理论文章等，而这一类比较深奥的作品，其他国家的孩子往往至少要再过2年才有能力开始系统地阅读。

哈佛支招DIY

在如何开发孩子阅读能力问题上，哈佛教育专家给出了几点建议。作为家长，不妨学习并且借鉴一下吧，相信用不了多久，你就能够收到令人惊喜的效果。

● 营造阅读的氛围

给孩子树立一个良好的榜样，让孩子从小就看到家长的生活离不开好书。

尽早让孩子体会到阅读的乐趣。婴幼儿在集体环境中进行学习阅读，能够与同伴一起分享早期集体阅读的快乐，与此同时，还能够提高他们参与阅读的积极性。

举办一些诸如"父子读书俱乐部"或者"母女读书俱乐部"，让大人与孩子一起读同一本书，然后在周末进行讨论。与此同时，鼓励孩子在读到好的篇章的时候，朗读给全家听，以便全家共享。

与孩子玩耍、散步或者锻炼的时候，可以与孩子一起编小故事，回家之后再做好记录与整理工作。

● 提高阅读技巧需要交流

与孩子一起阅读与编故事等，与孩子共同讨论与交流。倘若孩子在阅读的过程中提出问题，尽可能地回答孩子的问题。与此同时，在家中最好准备一些少年儿童百科全书类的书籍。当孩子提出问题的时候，引导孩子从书籍中找到答案。引导孩子讨论思想、艺术方面的内容，尽量让孩子发表见解。

注意给孩子足够的思考与想象的空间。在给孩子朗读时要连续讲2～3遍，第一遍，在讲的过程中提出问题，比如说："宝贝，注意听哦，看看后面会发生什么事？待会儿我可是要问你哦！"这样引起他的注意，促使他仔细倾听。讲完之后就提出问题让孩子进行回答，家长再做一些补充。接下来再生动形象、完整流畅地朗读1～2遍故事。读完之后，还可以再次提问，这样能够增加孩子的参与性，提升他继续阅读的兴趣，并且能够巩固他对内容的掌握程度，从而提高阅读的效果。

● 合理安排阅读时间

在阅读的时候，需要合理地安排时间，家长每周可以为孩子安排一次或者几次专门用于阅读的时间。鼓励孩子写笔记，随便写点什么都可以，即便是写一个简单的书名，也能够培养孩子从阅读中获取知识的习惯。

引导孩子进行阅读，还应该养成习惯。每天可以选择一个固定的时间与固定的场合，讲故事给孩子听。

家长是最好的榜样，家长自己应该有良好的阅读习惯。在家中的各处都可以摆放一些书籍，家长每天都有固定的读书时间，这样会对孩子产生潜移默化的影响。

　　培养孩子读书的兴趣与爱好，让孩子生活在书籍的世界中，通过阅读书籍来认识世界是孩子学习文化知识的基础。当孩子可以安静地阅读自己喜欢的故事书的时候，就说明您已经帮助孩子建立了良好的阅读习惯。

哈佛小语 ♡

　　哈佛教育专家认为，阅读是需要技巧的，在阅读的过程中，孩子应该自己了解书中的内容及作者的意图，通过想象与推论进行吸收，这样的阅读才会是正确的，才会对孩子产生影响。

爸 妈 私 房 话

书籍是全世界的营养品。生活里没有书籍，就好像没有阳光；智慧里没有书籍，就好像鸟儿没有翅膀。

——[英] 威廉·莎士比亚

⏱ 阅读时间：<u>25</u>分钟　　🎓 受益指数：★★★★★

让你的孩子喜欢书籍

对于孩子来说，什么样的书是好书？哈佛的一位教育专家认为，好书的标准应该由孩子自己决定。家长在考虑图画书时，第一个要重视的是那些真正地走进孩子的世界、用孩子的想法与心情画出来的书。当然了，优秀的作品还要能够表现出作者独立的世界，此外，故事的文学性、插图的艺术性等都是不容忽视的。

📖 故事的天空

麦琪今年刚满5岁，可是她已经读过至少50本书了！这对于5岁的孩子来说并不容易，那么为什么这个活泼的小姑娘能够捧着许多孩子认为"枯燥"的书本读得津津有味呢？原来，从麦琪3岁起，她的妈妈就会给她买有漂亮插图的彩色童话书，那时虽然麦琪还不认识字，但是却被花花绿绿的书所吸引，老拽着妈妈给她念书中的故事。

到了3岁半的时候，妈妈给麦琪买了人生中第一本需要她自己读的书。这本书很特别，是用

棉布做的，彩色的布在这本书上拼凑成了各种美丽的图案——没错，这是一本专门为孩子设计的"布书"。这本书让小麦琪爱不释手，天天都要翻来覆去地看，甚至有时候还要拿着书去给妈妈讲。

慢慢地，麦琪4岁了，妈妈又为她准备了一些有精美彩色插图的童话故事书，这些故事文字不多，但图片非常漂亮，甚至许多页上还有立体插图，这更引起了小麦琪的阅读兴趣。可以说，从4岁起，小麦琪真正爱上了读书。

宋姐爱心课堂

很多家长都认为读书对于孩子来说是一件非常困难的事情，而孩子的理解能力很低，这也致使他对书本根本就产生不了兴趣，不过家长可以学习麦琪妈妈的做法，循序渐进地培养孩子的看书习惯。

让孩子爱上读书其实不难，重要的是让孩子体会到读书不但是一种学习的手段，而且还是一种兴趣爱好。等到孩子对待书籍就好像对待玩具那样兴趣盎然的时候，他就开始乐于与书为伍了。

首先，家长需要激发孩子对于文字的好奇心与兴趣，让他产生认字、写字以及阅读的强烈愿望。家长应该巧妙地将阅读安排到孩子的生活中来，使孩子对阅读产生兴趣。

孩子有了阅读兴趣之后，就要鼓励孩子去阅读。当孩子经过阅读记住了一些故事，或者掌握了一些知识之后，就要适当地给孩子一些表现的机会，比如，请求孩子讲他听过或者看过的故事，或者是考考他已经掌握的小知识，家长即便知道，也可以故意说不知道，然后请孩子作为小老师来给家长讲述，而家长则需要及时地夸奖孩子。可以说一些这样的话，比如："哇，宝贝，你真棒，这些知识是从什么地方学到的呀？"孩子很可能就会非常骄傲地说是从书中学到的。那么，这时，家长又可以说："噢，看书太好了，越看越聪明啊，我也要向你学习，要常常看书了。"孩子得到表扬之后，就会变得更加喜欢读书了。

哈佛支招DIY

指导孩子读书、读好书，让书籍伴随孩子成长是每一个父母都应尽的义务，那么如何让孩子喜欢书、喜欢阅读呢？哈佛大学的一位资深老教授给出了几点建议。

● 阅读不应局限于读"书"

在孩子开始认字前，每当看到动画片、海报、简单的路标、布告以及门牌等的时候，都会感觉非常好奇，这个时候，家长就可以停下来与孩子一起进行阅读。的确，阅读不应该局限于读"书"，只要有心，在日常生活的每个角落，都有值得孩子阅读的"书"。

●运用适当的方式感染孩子

采用丰富的表情、声调的变化并且结合各种动作表演来给孩子讲故事，让孩子感觉到故事十分生动有趣，从而爱上阅读；经常带孩子逛书店，定期给孩子买书或者定期带孩子到图书馆去借书，教会孩子怎样使用图书证；给孩子一些零花钱，让孩子选择自己想要买的书籍。在日常生活当中，通过这样耳濡目染的方法感染孩子，让孩子自主地喜欢上阅读。

●抱着孩子一起读书

在给孩子读书时，可以将孩子抱在腿上，指着书中的人或者物，告诉孩子他们是谁，他们之间都发生过什么事情。然后，鼓励孩子用小手指出来，或者说：这是什么小动物啊？或者，谁在那里啊？他们怎么啦？刚开始时，孩子很可能总是毫无头绪，但是应该多鼓励孩子："嗯，很好！""宝宝，答对了！"慢慢地，孩子就会爱上读书。在给孩子选择阅读书籍的时候，应该以儿歌、童谣、唐诗等富有韵律的书籍内容为主。当然了，前提是要保证书中线索简单、人物简单、对话简单、图画线条以及颜色相对简单等。

●满足孩子反复阅读的愿望

倘若孩子要求反复读，这是好事，应该尽量地满足孩子。只要让书变成生活的一部分，孩子就会喜欢上读书。孩子在刚开始阅读入门的时候，主要是为了一份非常纯粹的乐趣，应该给予鼓励。不过，也由于这份乐趣，最初孩子的注意力往往会集中在故事的情节上，看懂故事情节就满足了。对此，家长应该给予正确的引导。

●家长要做好榜样

对孩子最为有效的教育，就是让孩子看家长阅读。倘若孩子常常看见家长从阅读中获取乐趣，自然而然就会受到感染，就会慢慢地喜欢上阅读。除此之外，在家中也可以用心地布置方便阅读、刺激阅读的环境。比如，在墙上贴挂图、卡片，在客厅摆放一些书籍，让孩子随时随地都置身于阅读的环境当中，随时都能够看到文字、书籍，调动孩子阅读的积极性。

●给孩子一个专用书架

给孩子准备一个专用的书架，将书的封面向外摆放到书架上，这样一来，漂亮的封面图案与色彩以及较大的面积非常容易吸引孩子的注意力，从而更好地刺激孩子的阅读欲望。书架的高度应该方便孩子取用，最好在书架旁边再给孩子配一套合适的桌椅，以便孩子看书学习。

● 选择合适的书籍

如果书中的内容太过深奥，已经超过了孩子的理解能力，那么，家长应该及时为孩子更换书籍。只有合适的书籍，才能引发孩子的阅读兴趣。不恰当的书籍只会将孩子的阅读兴趣完全浇灭。

哈佛小语 ♡

哈佛教育专家认为，家长应该鼓励孩子将看过的书籍保存起来，教孩子爱惜书籍，保持书籍整洁，不撕书、不折页。鼓励孩子自己选择所读的书籍，与孩子一起讨论哪些书籍是适合他们阅读的读物，哪些书籍是他们自己非常感兴趣的读物，并且以此作为标准选择读物。

爸 妈 私 房 话

理财能力，积极培养孩子的财商

> 既会花钱，又会赚钱的人，是最幸福的人，因为他享受两种快乐。
>
> ——[英]塞·约翰生

⏱ 阅读时间：<u>30</u>分钟　　🎓 受益指数：★★★★★

培养孩子的理财能力

教孩子怎样用钱，是让孩子一生都幸福的基础。所以，有理财观念的孩子，真正知晓付出与收获之间的比例，不管在什么时候，他们都不会因为金钱而迷失方向。

故事的天空

珀西尔从2岁开始一直住在乡下的奶奶家，5岁时爸爸妈妈把他接回了旧金山。尽管奶奶很用心地照顾珀西尔，但是妈妈很快就发现，珀西尔对于金钱和消费的概念几乎为零。

这怎么行呢！于是妈妈决定带着珀西尔去超市体验一下购物的乐趣。

刚到超市，珀西尔就好奇地问妈妈："为什么这里都没有人收钱？为什

么东西的下面都放着彩色的小纸片呢？"

于是妈妈就告诉珀西尔："东西要先挑选好了之后拿到收银台才会有阿姨给你算价钱，而货品下面的小纸片就标示着每一种东西的价格和种类。"珀西尔听了以后觉得很有意思，于是对着那些彩色的标签研究了起来。

"妈妈，这上面写着4.9，是什么意思呢？"珀西尔不解地问。

"就是说要用4.9美元换这样东西！"妈妈回答。

"这个数字代表了钱吗？"珀西尔歪着小脑袋，又问道。

"当然啦！这个小标签不仅标明了钱数，上面还有这样东西的重量和生产日期！"妈妈继续耐心地回答了珀西尔的问题。

"真有趣啊！下次我要拿着钱自己来买东西！"珀西尔高兴地说。

宋姐爱心课堂

相较于国外来说，中国父母在培养孩子的金钱意识上要薄弱一些，有些甚至将金钱看成是"毒蛇猛兽"，不让孩子过早地接触。其实不然，趁早教会孩子认钱，这对于培养孩子的理财意识有很大的帮助。父母可以效仿珀西尔妈妈的做法，给孩子讲解金钱的知识，培养孩子正确的金钱观。

孩子认识了钱币，知道钱币从哪里来，这并不等于他们就理解了钱的价值。对于学龄前儿童来说，要让他们真正懂得"钱的价值"显然还为时过早，不过家长可先让孩子了解钱与商品是如何交换的，让其知道钱是等价物的概念。

对学龄前的孩子来说，即使会数数了，也未必懂得数钱，因为那只是抽象的声音或文字。父母必须让孩子感受数字的多与少到底有什么不同，才能建立孩子的金钱观。例如，点心对孩子相当具有吸引力。可以准备孩子喜欢的造型可爱的小饼干，如飞机、兔子、星星甚至是数字等，以此引起孩子的注意。当发给孩子饼干后，先让孩子数清楚有多少块，很快地，孩子便会清楚地感受到，十个饼干比五个多，也可以吃得比较久，如此，孩子对数字的概念就更具体化了。

哈佛支招DIY

美国孩子在3岁的时候就开始接受理财教育，目的就是为了培养孩子独立自主的生活能力。关于如何引导孩子用钱，哈佛教育专家给出了以下几点建议。

●选择适当的方式刺激孩子的欲望

许多家长将零花钱与孩子的学业成绩紧密挂钩，但是在金钱刺激下而产生的学习动力，要比在兴趣和责任下所产生的学习动力，意志薄弱得多。将零花钱与孩子的学习成绩挂钩，只不过是增加了孩子的投机欲，有些孩子用谎报成绩的方式得到"奖金"，甚至有些孩子还会以考试作弊的方式来达到父母的要求。这种促进学习的方式短期内有效，但是并不利于孩子养成自觉学习的习惯，因此，不建议家长在教育孩子时选取这种方法。

零花钱并非越多越好，爱一个孩子的方式也并非体现在零花钱的多少上。零花钱与爱无关，爱是用多少钱都买不来的。家长在给孩子零花钱的时候，同时也应给孩子一个存钱罐，并且教给孩子怎样使用这个存钱罐。

●教孩子换算钱币

当孩子的加减运算能力有所提高以后，家长就可以教孩子进行元、角、分之间的换算。对于成年人来说，0.5元当然就是5角钱，这毫无疑问。但许多孩子却未必知道这种常识，他们可能以为标签上的0.5指的是5元钱。因此家长可以通过多次练习，让孩子进一步了解元、角、分的概念，并了解钱在日常使用中的一些常识。

●教孩子熟悉掌握金融知识与工具运用

小孩子根本不知道自动取款机是怎么一回事，家长可以在使用自动取款机的时候，结合存钱罐一起对孩子进行金钱教育。家长可以这样解释："这个机器就好像一个巨大的小猪储蓄罐。爸爸妈妈一旦发了工资就会将钱放进这个储蓄罐里。当需要用钱的时候，我们就从里面取一点。但是，我们要尽量保证储蓄罐一直有钱，这也就要求我们在用钱的时候要学会计划。"

同样，家长在孩子面前使用信用卡时，也要对孩子解释信用卡的概念："我现在可以用这个卡代替金钱买东西，但是我必须在几个星期内用现金来付清，不然就会有很多利息。"

哈佛小语 ♥

哈佛教育专家认为，让孩子一生富足的办法，并非父母给孩子留下百万、千万的家产，而是要从小培养孩子的理财能力。

如果你懂得使用金钱，那它将是一个好奴仆；如果你不懂得使用金钱，那它就变成你的主人。

——[美]马克·吐温

⏱ 阅读时间：25分钟　　🎓 受益指数：★★★★

让孩子参与家庭理财

有人将理财教育称作"从3岁开始实现的幸福人生计划"，美国的家长们会让孩子干家务来换取零花钱，这样孩子就可以清楚地认识到：即便是出生在富有的家庭中，也要有工作的欲望与社会责任感。

🧒 故事的天空

虽然艾迪今年刚5岁，但他已经是家里财政大权的决策者之一了。艾迪的父母认为教会孩子理财就是教会孩子如何过日子。让孩子参与到家庭的重大财务决策中，会让孩子感觉自己在家庭中很受父母重视，有"小主人"的感觉。

艾迪参与的家庭重大财务决策项目包括：买家具、买汽车、买大型家用电器以及买一些奢侈品等。艾迪的家里如果需要买东西就要进行一次家庭投票，父母和艾迪各有一票。

有一次妈妈想要买一个手

包，可是爸爸认为样式不太好看，但是妈妈很喜欢，就去询问儿子的意见，儿子说："我觉得很适合妈妈。"于是二比一，妈妈就高兴地买下了那个手包。

还有一次，父亲因为业务很忙需要再买一辆汽车，但是妈妈觉得不划算。随后进行了家庭投票，艾迪把赞成票投给了爸爸，理由是：爸爸方便了，才能赚更多的钱。

除了让艾迪参与家庭理财，艾迪的父母每次去银行存钱也都会带上这个小家伙，告诉他怎么把钱放入银行、怎么把钱取出来、什么是定期存款、怎么才算是流动资金等。

就这样，艾迪在家庭理财中有着举足轻重的重要位置，也渐渐明白了爸爸妈妈赚钱的不易。

宋姐爱心课堂

艾迪父母允许并鼓励孩子参与家庭活动，让小艾迪明白了虽然洗碗、收拾玩具、擦桌子等家务是每一个家庭成员应尽的义务，但是只要做到了便可以得到相应的奖励，而且也让艾迪明白了父母赚钱的辛苦和不易。

学习管理金钱是一个长期的过程，但是作为家长应该告诉孩子：金钱会不断地流动，会减少也会增加。

父母应该让孩子明白，金钱本身并不具备力量，自身的价值并不由金钱定义。当你是一个一贫如洗的人时，也不应该把自己的人生定义为无知和失败；同样，哪怕你是一个全球首富，也不应该把自己当成伟人，沉醉在财富中沾沾自喜。

参加家庭理财，让这些法则成为孩子生活中的一部分。或许，将来孩子得到的金钱永远不会比他需要的多，但是只要让他在家庭理财中掌握了运用金钱法则的能力，也就能够织补他的经济命运。

另外，家庭理财可以培养孩子的消费观，甚至可以教会孩子支配自己的金钱。在孩子支配这些零花钱的时候，家长可以引导孩子学习如何支配，这样的教育显得更加直观，收获也比较大。当孩子3～5岁的时候，家长可以给他们一些零花钱。至于给孩子多少才算是最合适？哈佛相关专家曾经做过一项有趣的研究，结果表明：以"周薪"来计算孩子的零花钱比较合适，即每周给孩子的零花钱等于0.5～1元乘以孩子的年龄。例如，一个5岁的孩子，通过周薪计算法计算，家长给孩子最合适的零花钱为2.5～5元。

家长在给孩子零花钱的时候，一定要让孩子明白，他可以马上把钱花掉，也可以把钱一点点积攒下来买一些自己期待已久的东西。这样孩子就可以自己做主选择自己想要的东西和适合的消费方式。

哈佛支招DIY

在德国，一个6岁的男孩在银行有自己的账户，可以把攒起来的零钱都存到银行去。家长为年幼的孩子在银行开账户在西方已经屡见不鲜。所以哈佛教育专家建议，对于3岁的孩子，家长应当每周给3美元，对于6岁的孩子，家长应当每周给6美元。也就是说，每长一岁就增加一美元的津贴。

● 让孩子认识每件东西的价值

家长要让孩子认识每件东西的价值，从而爱惜它、保护它，可以从一双袜子开始教育孩子，需要勤俭朴素、爱护财物。

● 管理孩子的玩具和物品

孩子所需要的玩具也是家庭理财计划之一，父母要严格控制孩子玩具的数量，不可经常给孩子更换玩具。可将孩子的一些玩具存放一段时间，以便再给他们玩的时候可以激起他们的"新鲜"感。

● 定期给孩子零用钱

孩子应当像家长定期拿到工资一样定期得到零花钱。只有这样，孩子才能学会计划和核算。

● 对零花钱拥有建议权，但把支配权交给孩子

多数家长会让孩子拥有存款，却完全不给他们支配权，往往孩子要买什么，家长认为不必要，便极力阻止。其实家长倒不如提出意见，让孩子自行评估。如果儿子想换新型脚踏车，爸爸妈妈应该做到不赞同但也不阻止，只是分析原本的脚踏车是否还能用、是否有功能上的残缺，而想购新脚踏车除外形炫之外，并没有特别好用的功能，但价格高出很多，可能花掉他所有的存款。当然，决定权还是交给孩子。

● 制定相关的家庭制度

在家中制定一些使用他人物品的规章制度，以此教育孩子学会珍惜别人的物品；帮助孩子从事一些力所能及的家务，从而得到他们自己想要的东西；如果孩子因为滥用或者疏忽大意而让物品损坏或者折断，就让孩子用自己的劳动所得费用赔偿，加深孩子对金钱使用的观念。这样的教育会让孩子知道，要想得到哪怕

一件东西都是需要付出辛苦劳动的，这样的教育方式可以让孩子更加珍惜自己已经拥有的东西。

哈佛小语 ♡

　　哈佛教育专家认为，在对孩子进行理财教育的过程中，要让孩子真正明白，虽然金钱在人们生活中扮演着很重要的角色，但是我们也不能成为金钱的奴隶，而是要做金钱的主宰者。

爸 妈 私 房 话

全面解读哈佛大学智能教育经典

每一个以亿为单位的数字背后，除了艰辛的创业史以外，还有自成体系的理财方式。

——[英]萧伯纳

🕐阅读时间：25分钟　　🎓受益指数：★★★★★

培养孩子的财商

　　财商则是人作为经济个体在经济社会中的生存能力，是一个人最需要的能力之一，也是最容易被人们忽略的能力。财商就是理财能力，如果孩子没有理财的本领，那么不管你留给他多少财产，总会有花光的那一天。所以，家长需要加强对下一代人的理财教育。

故事的天空

　　托德已经5岁了，他的父母经过商量后，决定让儿子用做家务的方式赚取零花钱。托德一听有零花钱可赚，马上来了精神。父母对每项家务活的工钱都进行了明确的规定：洗一桶衣服3美元，擦玻璃、修剪草坪以及清理汽车的报酬分别为2美元、3美元、4美元。

　　很快，托德便学会了使用洗衣机、修剪草坪和清洗汽车。一个月下来，托德一共靠自己的劳动赚了80美元，他花20美元买了一双轮滑鞋，很开心也

很自豪。

托德赚的零花钱越来越多，父亲便给儿子在银行开了一个账户。此后，托德对自己账户上的存款余额很是关心，为了确保存款余额每月递增，托德开始精打细算，量入为出。有时候为了买必需品会跑好几家超市，精挑细选之后，买下性价比较高的产品。

托德上中学之后，因为活动增加，父亲就给儿子办了一张信用卡。这张信用卡让托德瞬间有了变成大人的感觉，他从不随意超支消费，每月底都会保证信用卡收支平衡。

随着孩子年龄的增长，父亲开始鼓励孩子做生意。托德的第一笔投资生意是到文具批发市场购买了一批日本进口的水性笔，随后将这批笔以低于商店0.3美元的价格卖给了学校同学。这次投资让他赚了40美元。

没过多久，托德的学校组织了一次校庆，很多已经成为政界、商界名人的学长们会来学校进行演讲。托德看准了这次商机，用摄像机录制了很多素材，随后制成了光盘进行出售。这种具有珍藏价值的光盘很快就销售一空，托德也赚得不少钱。

不过有投资就有风险。有一次托德去旅游，在一个博物馆看到了一种制作精美的飞机模型，托德认为这种工艺品一定销路不错，于是就用信用卡买了500件，一次投入了900美元。

不想，回到家乡之后，托德才发现这种模型在当地的工艺品商店到处都是。眼看900美元的投资泡了汤，托德开始寝食难安。

父亲知道这种情况之后，严肃地对他说："投资一定会有失误，要学会承担失败，并想办法把投资的损失降到最低。"

接下来，托德跑了几家规模较小的工艺品商店与店主商量批发事宜，最后把这些工艺品都转手出去了，捞回了700美元的本金。

得到了父亲的指导，托德对自己的投资更加有信心，并立志到了30岁的时候要成为百万富翁。

宋姐爱心课堂

托德的父母从小就注意培养他的财商，理财是一种生存本能，让孩子学习理财是十分现实和必要的。而托德父母的做法无疑给广大家长树立了很好的榜样。

财商的培养，可以提高孩子的辨别能力、权衡能力与分析能力。当孩子面对五花八门的促销活动时，有财商的孩子懂得从自身的情况出发，做出最好的判断，权衡之后选择真正适合自己的实用商品。

掌握理财方法与形成良好的理财习惯会让孩子珍惜劳动成果，在理财的过程中也可以培养孩子诚实、守信的品格。

通过财商的培养，还可以培养孩子的管理能力。从一元钱开始，让孩子慢慢管理好自己的零花钱、管理好自己的生活，再到管理经济事务，让孩子慢慢适应未来经济发展的需要。

对孩子进行财商教育，不仅要指导孩子如何做好预算、学会让钱生钱，更要指导孩子如何聪明地花钱。父母带着孩子一起购物的时候，假如买了没有在预算里的东西，一定要给孩子解释清楚，让孩子了解自己消费的决策过程，学会灵活地用钱，这对孩子来说也是必不可少的。

哈佛支招DIY

很多父母早就认识到了教会孩子理财的重要性，但是一直不知道要如何教孩子理财。3岁是孩子学习理财观念的关键时期，家长要抓住这个关键时期教会孩子理财。

●不要在金钱上对孩子撒谎

孩子从3岁起，就要开始学习如何支配金钱了。在这个关键时期，家长千万不要在金钱的问题上对孩子撒谎，家长要让孩子明白，是人在掌控金钱，而并非金钱在掌控人们，用这种方式树立起孩子对待金钱的健康态度。比如，如果你不想给孩子买他们想要得到的东西，可以说"这件东西没有在计划里"，或者直接告诉他"我不准备买"，但是千万不要用"我们买不起"这样的理由哄骗孩子。

●在孩子面前算账

家长可以在孩子面前算算经济账，告诉孩子自己挣了多少钱，这些钱都准备如何分配。然后告诉孩子，买衣服以及日用品要花费多少钱。但是千万不要谈在孩子身上花了多少钱，比如"在你校服上的花销超过了预算"。

●给孩子买个存钱罐

对3岁的孩子来说，存钱罐是送给孩子最好的礼物，可以让孩子在存钱的过程中，逐渐形成储蓄的观点。通过存钱，孩子自然就会明白硬币可以换取一些他们想要的东西。每当孩子存入1元钱的时候，家长也可以存入1元，这样就可以让孩子明白存钱的好处。

●让孩子花自己的钱

　　孩子开始有零花钱之后，就要让他学习如何花自己的钱，这样才会懂得珍惜金钱。可以和孩子协商，如果是学费、教材费用或是全家一起的花费，就由家长出钱，但如果是自己想买的玩具、出游时的纪念品、朋友的生日礼物等，则要让他们自己付钱。

哈佛小语 ♡

　　哈佛教育专家认为，每个人在还没出生的时候就已经开始花钱了。所以，父母一定要重视对孩子的金钱教育，要让孩子明白，金钱不是面包树上长出来的，是通过劳动获得的。

爸 妈 私 房 话

舍得舍得，有舍才有得。"舍得"并不是简简单单的两个字，它是一种智慧，更是人的一种本身素质的体现。

——佚名

🕐 阅读时间：25分钟　　🎓 受益指数：★★★★

教会孩子如何取舍

在孩子的内心世界里，并不存在取舍的概念，这时父母就要对孩子进行取舍教育，家长不要对孩子的要求置若罔闻，也不可以毫无节制地完全满足，家长需要做的是耐心地帮助孩子去正确地判断哪些东西是值得拥有，哪些东西是必须要取舍的。

故事的天空

商人带着孩子出海远行，他们随身携带着满箱的珠宝。这一天，水手发现了他们的珠宝箱子，并且开始秘密策划抢夺珠宝的方案。

商人在船舱内踱来踱去，想着能够找出一条躲避危险的方法。商人将这件事告诉了儿子，儿子一听很是气愤，说要和他们拼了。商人说，我们绝对不可以用拳头解决这件事情，一定要想办法制服水手。儿子说把珠宝交出来给他们，那水手一

定会杀人灭口的。

还没等儿子反应过来，商人突然怒气冲冲地奔上甲板："一直以来，你都不听从我的忠告！你这个混蛋！"儿子显得不知所措，他对于父亲的做法十分不理解，于是也上前愤怒地指责父亲到底是怎么回事。就这样，争执声越来越大，父子二人相互谩骂着，当水手好奇地围过来看笑话时，商人气冲冲地冲进船舱，拖出了珠宝箱，继续叫嚣着："你这个忘恩负义的家伙！我宁愿死于贫穷，也不会让你继承我的财产！"他叫嚷着，一个健步跨向栏杆，打开了珠宝箱，在大家猝不及防的情况下，将满箱子的珠宝全部倒入海中。水手们见到珠宝消失的那一瞬间，不由得倒吸了一口气。

一场争执在父子的抱头痛哭与水手们的惋惜劝慰声中告一段落。父子二人回到船舱中，父亲告诉儿子这是最好的办法，如果生命与金钱只可以二选一，鱼与熊掌不能够兼得，除了这个办法之外，没有其他方法可以救自己。儿子恍然间也明白了一切。

宋姐爱心课堂

故事中的商人父子虽然失去了很多的财宝，但是却最终保住了自己的性命，也在这个过程中教给了儿子"舍得"的道理。

有得必有失，在很多事情面前，我们必须学会有所取舍。"舍得"是一门艺术，是一种至高的精神境界，它需要人们的勇气和智慧。

世界上不存在只得不舍的事情，父母必须教导孩子，要想得到一些事物，就必须付出一些代价，应该权衡利弊，从中做出最好的取舍。

有舍才有得。这是一种美丽的品质，其中包含了万千的道理。父母应该让孩子明白"舍得"二字，让他们在遇到事情的时候，一定要做到心中有数，取舍得当。哈佛大学中一直流传着一个故事：当你在雨夜开车的途中，遇到了三个人，一个是救过你的医生，一个是病重垂危的老人，还有一个是你朝思暮想的异性。这个时候你该怎么做？

其实，最为正确的办法就是，你把车钥匙给医生，让医生带着病重的老人离开，自己则是和心爱的异性一起等下一班车。或许人们会认为这个人舍弃了最豪华的轿车，但是换一个角度说，这个人不仅还了医生的恩情，还救了老人一条命，甚至还会因此而收获一段爱情。他所选择的取舍方式可谓是最为聪明的。

有时候，只要我们选择舍弃一些东西，世界马上就变得明朗开阔了，人生的格局会立刻发生惊天动地的变化。

哈佛支招DIY

面对孩子的执拗，父母若仅仅是一味地迁就只会引来孩子更多次的大哭大闹、得寸进尺。究竟应该怎样办呢？哈佛教育专家的建议如下。

●别马上满足孩子的要求

家长必须明白，如果孩子在大哭大闹之后就能够得到他想要的事物，那么他就会经常使用这种方法来迫使家长同意自己的要求。所以，一旦你拒绝了孩子的要求，就要坚持立场。

而对于执拗、娇惯的孩子，家长不要立刻满足孩子的要求，可以采取迂回的方式处理。例如孩子非要买这个东西，家长可以明确地告诉孩子，可以给他买他喜欢的玩具，但是今天肯定不可以，可以等到下个月发薪水的时候再买。孩子学会了取舍，就可以明确地知道自己想要的东西和必需的东西了。家长要让孩子明白，他所得到的东西是经过前期预算与慎重考虑的。

●以身作则，教育孩子如此取舍

父母要以身作则，让孩子观察与了解你是怎么做出买或者不买的决定的。当你不希望在某件东西上浪费金钱的时候，你可以在孩子面前说："我很喜欢它，但是我并不需要它。"这样可以帮助孩子在消费的时候理智地说"不"。

●让孩子明白有得就有失

在现实生活中，要想得到一些东西就必须舍弃一些东西。同样，父母需要给孩子灌输这样的思想，如果你要想得到或者留住一些东西，你就要放弃相应的一些东西。取舍的意义就在于，分清楚哪些东西是自己真正想要得到的，而哪些东西仅仅是自己想要的。

哈佛小语 ♡

哈佛教育专家认为，在对孩子的教育中，父母要学会与孩子讲道理，明确地让他知道取舍的重要性，久而久之，节俭的观念就会在孩子的思想里扎根。

第五章

哈佛社会教育：
让孩子飞向更远的天空

对于孩子来说，尽管社会离他们还很远，但总有一天他们要进入社会、融入社会，所以从小要培养孩子的社会性就显得尤为重要了。培养社会性并非让孩子过早成熟，而是让他能够严于律己、宽以待人，能够在挫折中一次又一次地站起来。

独立，孩子最应该具备的人格素质

哈佛的教育理念是鼓励人们从自己的特立独行中寻求乐趣。同样，如果有一天，哈佛将自己的教育理念定义在培养孩子单一固定的性格，那将是哈佛的末日。

——[美]威廉·詹姆斯

阅读时间：<u>30</u>分钟　　　受益指数：★★★★★

授之以鱼，不如授之以渔

每一对父母都希望自己的孩子如雄鹰一样，在蔚蓝的天空中展翅翱翔。可却总是事与愿违，父母对孩子的期望值越高，失望也就越深。父母总是不顾孩子的想法，为孩子设计未来，用他们心中最理想的模式来教育孩子、帮助孩子，使得孩子成了教育的被动对象。在这种教育模式下成长的孩子，将很难把握好自己的人生。

故事的天空

露伊丝是家里的独生女，爸爸妈妈在年轻的时候就移民到了加拿大，她从小就集万千宠爱于一身，什么事情都有爸爸、妈妈帮助她做，她已经5岁了，都还不会自己吃饭、自己穿衣服。

在露伊丝出门前，她的妈妈绝对会帮她把该带的东西准备好，还会亲自送露伊丝去上幼儿园。

幼儿园下课的时候，经常是露伊丝还没有跨出大门口，爸爸就一把帮她把书包拿过去。

另外，父母工作繁忙，经常赶时间，所以很少给孩子时间和机会锻炼自理能力。幼儿园的老师说，露伊丝现在还不能自己吃饭，而她认为，自己吃饭是至少在幼儿园中班就该掌握的本领。

露伊丝的妈妈总是说："露伊丝每天起床都是争分夺秒的，帮她穿衣、洗漱，哪有时间让她自己去做这些事情啊？还不如我帮她做了呢。"这样时间久了，露伊丝一点自理能力都没有，因为她根本就没有机会来自己做事情。

露伊丝时常自己想：自己是不是哪里做得不好了？为什么爸爸妈妈什么事情都不让我自己做，他们是觉得我非常麻烦吗？为什么其他小朋友都能够自己的事情自己做呢？露伊丝会这样想，正是因为她的爸爸妈妈太过于保护她了，以至于她失去了对自己的信心。所以，什么事情也都不敢自己去做了。

露伊丝从来都不自己削铅笔，因为她知道她的妈妈会帮她削；露伊丝从来都不会自己出去买吃的，因为她知道她的爸爸会给她送来吃的东西；露伊丝衣服脏了从来都不主动洗，因为她知道她的妈妈会帮她洗。就是这样，她应该做的事情她的爸爸妈妈都帮助她做了，那露伊丝还用做什么？她还能做什么？她还会做什么？

宋姐爱心课堂

父母是孩子的第一任老师，也是孩子的启蒙老师。启蒙老师对孩子的成长、发展都起着举足轻重的作用。而露伊丝的父母认为她年龄比较小，什么事情都不宜做。露伊丝的父母似乎并没有考虑到露伊丝以后的生活，或许在他们看来，这些等孩子长大后就都会了。其实这真的是大错特错。

作为父母有责任教给孩子：如何与人沟通、如何辨别好与坏、如何保护自己、如何过马路等这些简单的、基本的生存技能。

在孩子的婴儿期，父母有责任也有义务去照顾好孩子生活中的点点滴滴。不过随着时间的推移，孩子也在渐渐地长大，这个时候，如果父母继续掌控孩子的生活，不给孩子独自面对的机会，那么最后的结果必然是影响了孩子心理功能的形成和发展。这也就意味着孩子在以后的社会生活中，没有独立性，也没有自信心，更没有勇敢面对事情的勇气。这样的恶性循环，最后会使得孩子无法适应社会生活。

古人云："授之以鱼，不如授之以渔。"帮助孩子不如教孩子。那么我们该如何教孩子做事呢？哈佛教育专家给出了以下几点建议：

● **给孩子多一点鼓励**

孩子第一次做事情的时候，免不了要失败。这个时候，父母应该给孩子一点鼓励，让孩子重拾自信心，继续勇敢地解决问题和困难。

● **给孩子提供舒适的环境**

孩子必须亲自体验一些事物，才能够有利于他认识世界、找寻自己想要的答案。所以请给孩子一个自主舒适的环境，让孩子自己去做，自己去摸索。

● **尊重孩子的自主意识**

孩子对外界都有很大的好奇心，父母应该为其建立好的成长环境，让其自主地发展。让他自己去感受大自然的一切，用语言表达自己内心的情感，用行动表达他的要求，用大脑对外界的事物做出判断。

● **父母要给予孩子及时的指导**

孩子在遇到困难的时候，父母不能直接告诉孩子解决问题的方法，而是要引领孩子、教育孩子如何解决问题。请不要剥夺孩子自己解决问题的机会，但家长可以站在一边，在适当的时候给予孩子指导和建议。

● **奖励制游戏很不错**

如果你的孩子已经养成了不爱干活、好吃懒做的坏习惯也没有关系，家长可以设计一些让孩子干活然后给予适当奖励的亲子游戏，比如帮爷爷捶腿可以得到一支棒棒糖。但也要注意，奖励之后要和孩子讲明道理，让他能够在没有奖励时也愿意主动做事。

哈佛小语 ♡

哈佛教育专家认为，帮孩子不如教孩子，应该多给孩子一些自由的空间，尊重孩子，让孩子顺着自身的天性成长。孩子迟早要单独面对生活，那么父母应该从他们小时候就锻炼独立自主生活的能力，教给他们生存的技能。

要成就一件大事，就必须从小事做起。

——[苏联]列宁

🕐 阅读时间：**25**分钟　　🎓 受益指数：★★★★★

让孩子做力所能及的事

家长们"望子成龙，望女成凤"的心情都能理解，而且这也是很多家长的目标，为了这个目标家长们是不惜一切代价，采用各种各样的方法来教育孩子。那些聪明的家长帮助孩子制定目标，但不会代替孩子完成目标，而是鼓励他们独立自主地完成。既严格要求孩子，又能宽容孩子犯下的错误，这样的家长是智慧的，这样的教育方式也是值得借鉴的。

🧒 故事的天空

在神奇的宇宙中，有一颗非常特殊的星星，它有一个特殊的名字叫榴莲星。榴莲星上的小孩子都过着"衣来伸手，饭来张口"的生活，他们的父母经常叮嘱道："什么都不需要你们做，你们只管好好学习就行！"

为了给孩子更多的看书时间，甚至连儿子的鞋带都是爸爸给系上的；为了让女儿多一点时间练习钢琴，就连吃饭都是妈妈

一勺勺喂进嘴里的。

榴莲星上的孩子确实也很有出息：在这个星球上，2岁的孩子就会打算盘、写书法、画画；3岁的孩子会跳舞、唱歌、下围棋；4岁的孩子就能演奏很多种乐器……

时间过得真快，榴莲星球上的爸爸妈妈们一个个的老去、死去。等父母都离开人世后，榴莲星球上就没有人会系鞋带、会使小勺了……

他们不会系鞋带，就没有办法走路；不会使小勺，就没有办法吃饭。万般无奈之下，他们的总统派出专员，想要从地球上请几个老师回去。

过了没几天，榴莲星上来了一群小老师，他们都是来自幼儿园大班、中班和小班的学生。

小老师开始上课了。小班的朋友教榴莲星上的孩子怎样用小勺吃饭；中班的小朋友教他们怎样系鞋带、扣纽扣；大班的小朋友教他们怎样叠被子、洗碗……

宋姐爱心课堂

看，榴莲星的人都受到了父母的全方位保护，最后等到父母全部离开的时候，竟然没有一个人掌握生存的技能，随后只能又从地球上请去了一批幼儿园的小朋友，这才给了他们继续生活下去的资本。这虽然只是一个故事，但却给了我们一些启示。

所以，父母如果不想让孩子像榴莲星上的孩子一样，那么就应该让孩子从小做一些力所能及的事情，由此慢慢地锻炼孩子，从而教孩子学会自己的事自己做。有些家长为了避免孩子帮倒忙，就干脆剥夺了孩子做事情的权利；有些家长在孩子刚学会做事情的时候，对孩子的要求太高、批评太严厉等这些都是错误的行为。孩子第一次做事情，出现差错是在所难免的事情，父母应该在一旁给予指导和鼓励，而不是用严厉的口吻打消孩子的积极性。

大多数的孩子对父母的依赖性太强，造成这种局面主要有两方面的原因，一方面是随着生活水平的提高，人们都开始变得懒惰，缺乏主动劳动的精神，孩子从中耳濡目染，也沾染了这种恶习；另一方面是家长过分地宠爱孩子，从而让这种爱变成了溺爱，家长大揽大包，本来许多应由孩子自己完成的事，都让家长代替了。事实上，让孩子适当做一些力所能及的家务劳动，对孩子的自理能力、责任感和独立意识的培养都是十分有利的，可以让孩子从小就有对自己的生活、行为负责的概念，同时也让孩子养成爱劳动的品质，对孩子以后的成长十分有益。

哈佛支招DIY

每一个孩子在不同的家庭成长环境下，会形成不同的人格和获得不同的能力。作为父母，在保证孩子自身安全的前提下，应该让孩子去做自己力所能及的事情。

●培养孩子的自理能力

现在的孩子都是父母手心里的宝贝，不舍得让孩子做一点事情。其实这样并不利于孩子的发展。父母的这种做法也就相当于剥夺了孩子锻炼的机会，剥夺了孩子自理能力的培养，时间长了之后，孩子就会丧失独立生存的能力。

●让孩子独立思考

孩子的思维能力并不完善，父母不能认为孩子的想法和做法幼稚便加以嘲笑，这样会严重打击孩子的自尊心。父母应该注意对孩子独立思考能力的培养，激励孩子学习和探索新问题的兴趣。

●给孩子创造发现问题、解决问题的机会

孩子到了一定年龄后，便会生出各种各样奇怪的想法，大多数的家长便会将此认为是孩子淘气的表现。其实不然，这只是孩子在发表自己的看法而已，是一件好事情，父母应该抓住机会给予引导才是。

哈佛小语 ♡

哈佛教育专家认为，对孩子严格要求的同时，相对地也要给予孩子自由。如果他的一些行为有些不妥，家长不要批评、责骂，而是应该寻找他们犯错误的原因，再及时地给予纠正和引导。

虽然我们能够在父母的庇护下长大，我们可以依赖自己的朋友和兄弟，可以因为他人而幸福，但是不管怎么样，我们最能依赖的还是自己。

——[德]歌德

🕐 阅读时间：<u>25</u>分钟　　🎓 受益指数：★★★★

摒除孩子的依赖感

孩子总有一天要独自走向社会，走向独立的生活。因此，父母除了给孩子提供囊中的美食、温暖的房间、身上的衣服，还要培养孩子在社会上独立生存的能力，让他们能够应对社会上的变化，能够拥有融入社会的能力。

🧒 故事的天空

吃过饭，刚上学的儿子在一边做作业。

"妈妈，这道题怎么做？"

妈妈皱了皱眉头，这已经是儿子第五次发问了，每次儿子遇到困难的时候，总会向他们求救，自己却不知道思考。儿子把试卷拿到自己的面前，妈妈看了看题，眉头皱得更厉害了，这种题目对于儿子来说应该不是难题，只要稍微动动脑筋，就能够解出答案。

"儿子，你再好好看看这道题，只要你认真思考一下，这道题对你来说其实一点儿都不难。"儿子没有从

妈妈那里得到答案，又自己坐回书桌旁去思考了。

但儿子其实已经习惯了依赖，所以没一会儿他就心不在焉起来，眼睛还老往妈妈这边看。

妈妈看着紧锁眉头的儿子，便走上前去，将题目中的条件写在了纸上。儿子看着纸上的条件，随后又根据自己的思路解出了答案。

从那之后，儿子遇到困难时，他再也不想着依赖爸爸妈妈去解决了，而是尝试着自己想办法，自己寻找答案。

宋姐爱心课堂

孩子对父母天生就有依赖感，不过这种依赖感却也正是阻碍孩子正常发展的"罪魁祸首"。所以每一个家长都应该像故事中的妈妈那样，对于孩子能够自己解决的问题，要让他自己解决，而不能解决的问题则是要给予引导，从而降低孩子内心的依赖感。

陪伴孩子成长，不是帮助孩子处理好各种事情，而是应该给予孩子与外界接触的机会，不要把孩子当作室内的花朵来养，这对孩子的成长，尤其是智力方面的发展是十分不利的。人们正确认识事物的过程，是由感性认识上升到理性认识的过程，而感性认识是上升为理性认识的条件，没有丰富的感性认识就很难升华为理性认识。对于没有见过、没有观察过的事物，要对此类事物做出正确的、迅速的思考是很难的。让孩子走出家庭的小环境，去社会这个大家庭中吸收更多的生活经验，可以更广泛、更深入地了解周围的世界，从而丰富他们的视野，促进他们的发展。

父母的过分照顾、担心和保护，往往会给孩子造成沉重的负担。世上的每一个母亲都疼爱自己的孩子，害怕孩子摔跟头。不过有些父母因为担心孩子碰着、撞着，为孩子设置了许多禁区。这种管教孩子的方法会对孩子的身心健康造成不好的影响，从而阻碍了孩子各方面能力的发展，让孩子产生自卑、抑郁的心理。

父母能替代孩子一时，却无法替代一世。早日放手，让孩子用自己的脚走路才是正确的选择。优秀的父母会教给孩子生存和生活的能力，而不是满足、娇惯、溺爱或放纵，这样才能给予孩子一个健全的人格和自信的人生，这才是真正地爱他们。

怜子之心人人都有，但是爱怜不能缺乏理智，不能爱得太盲目，更不能剥夺孩子自主生活的权利。凡是孩子自己能够做到的，应该让他自己做；凡是孩子自己能够想的，应该让他自己去想。教导孩子自己做主、自理、自律是父母不可推卸的责任。

哈佛支招DIY

独立不仅仅是日常生活上的独立，更重要的是一个人的思想、观点、看法、处世方式上的独立。一个人无法独立自主地生活是很可怕的，会很难在社会上有立足之地，更不要提拥有成功的人生了。

●父母要舍得放手

爱子之心是父母的天性，但爱子也不能盲目地爱。父母要舍得对孩子放手，给孩子机会，让孩子自己学着生活。如果父母总是扮演着孩子拐杖的角色，那么时间久了之后，孩子就对你这根拐杖产生了依赖，到时候，想要离开拐杖生存，也就很难了。

●站在远处就好了

孩子玩耍时，家长应该在远处注视，不要靠得太近，孩子跌倒了只要不严重，就让他自己爬起来继续玩。有些父母在孩子玩耍的时候，会紧紧地跟在孩子的屁股后面，喊着："别走远了，危险！""别摸，那儿脏！""别跑，当心摔着！"……如果孩子不小心绊倒了，父母一定会赶忙跑过去将孩子扶起来，并且对其又拍又哄，最后使得孩子哇哇大哭，这样并不利于孩子独立性格的养成。

●给孩子自己动手的机会

家长应该教会孩子的是：能够独自生活，能自己做主。孩子的房间可以让孩子自己来收拾，每天穿衣吃饭也让孩子自己做，不要让孩子养成"衣来伸手，饭来张口"的习惯。

哈佛小语 ♡

哈佛教育专家认为，孩子应该从小养成自己的生活自己安排、自己的事情自己做的习惯。这样锻炼出来的孩子，他们的目的性、自主性、行动性和计划性都很强，而且对于他们以后的人生帮助也很大。

如果不能主宰自己，那么他永远就只是个奴隶。

——[德]歌德

🕐 **阅读时间：** 25分钟　　🎓 **受益指数：** ★★★★

引导孩子独立思考

　　培养良好的思维习惯不是一蹴而就的事情，它既需要家长对子女的耐心教育，也需要家长了解自己孩子的特点，对其扬长补短，这样才能让孩子的心智得到全面和谐的发展。孩童时期是一个人长身体、长知识的关键时期，他们既有独立的意识，同时还保留着对父母的依赖感。家长们就一定要注重培养孩子在思想上的"独立"。

故事的天空

　　卡文家里养了100只鹅。有一天，鹅竟然莫名其妙地死了20只，卡文百思不得其解。于是，他跑去找牧师，向其请教养鹅的方法。那位牧师听完卡文的养鹅经过后，问道："你每天放鹅都是在什么时候？""上午。""哎呀，这个放牧时间可真是太不吉利了！最好的放鹅时间应该在下午！"

　　卡文听完牧师的解释，便高高兴兴地回家了。可是三天后，卡文的鹅又死了20只，他再次来到牧师的家里，委屈地说："牧

师，我是依照您的方法去放养的，可是为什么我的鹅还是死了20只呢？"牧师听完，问道："你放鹅的地点在哪里？"卡文很快答道："就在我们家旁边那条河的右边。"牧师听完又紧张地大喊道："哎呀，这一次放牧的地点又错了，你应该在河的左岸放牧。"

卡文听完后，第二天便按照牧师的意见，把鹅赶到了河的左岸放养。谁知三天之后，卡文的鹅又死了 20只，他又一次来到了牧师的家里，问道："牧师，我的鹅又死了20只。"牧师看着卡文，叹息地摇摇头："不会吧，你平时都怎么喂养它们？"卡文答道："我只是喂给它们一些苞谷粒。"牧师想了一会儿，说道："这一次你又做错了，你应该将那些苞谷粒碾碎之后，再将它们喂给鹅吃。"

过了三天，卡文又找到了牧师，牧师说："卡文，这一次你又遇到什么问题了？"卡文伤心地说道："昨天晚上我的鹅又死了20只。"牧师漫不经心地说道："没关系，卡文，只要你的心里充满信心，时常来我这里一趟，我会告诉你一些养鹅的经验。这样一来，你肯定能够等到成功的一天。好了，现在，你再告诉我你的鹅都是在哪里饮水？"卡文听完牧师的话，心里又升起了希望，说道："我平常都是让鹅饮用河里的水。"牧师惊讶地叫道："天哪！你怎么可以让鹅去喝河里的水呢！你应该喂给它们井水才对。"

过了几天，卡文再一次敲开了牧师家的门，这时牧师正在看一本厚厚的书籍。卡文上前恭敬地说道："牧师，你好，我家里已经一只鹅都没有了。"牧师抬头看了看卡文，叹息地说道："哎，真是好可惜啊，我还有几个忠告没有告诉你呢！"

宋姐爱心课堂

卡文正是过于听从牧师的"忠告"，从而限制住了自己的思想，让自己裹足不前，最终使得家鹅全部丧生。所以，要想让自己的孩子获得成功，就应该将其培养成一个能独立思考、富有主见的人，而不是事事都要征求别人的意见。

在生活中，有很多父母为了避免孩子走弯路，往往把孩子的事情都安排得妥帖周到，从来都没有考虑过这样做是否对孩子有帮助。

其实，父母这样的做法几乎完全剥夺了孩子独立思考和解决问题的机会，这对于孩子的发展极为不利，很可能会让他们养成一种懒得思考的习惯，一遇到问题，便方寸大乱，没有了其他人的帮助，就根本无法解决。

哈佛支招DIY

在教育孩子的问题上，爸爸妈妈一定不要太过娇惯孩子，遇到问题应该让他们自己寻找解决问题的办法。关于具体的行动方案，我们不妨试试哈佛教育专家的意见吧。

● 为孩子创造思考的氛围

为孩子创造独立思考的氛围，可以促使孩子养成独特的个性，拥有独立的思考能力。父母不能因为孩子的年龄小、需要照顾就将其作为成人的附属品，任何事都要接受父母的支配。孩子虽小，但他也是一个完整、独立的个体，父母应该允许他们有自己独立的思维空间。比如：父母不要训斥孩子偶尔冒出的稀奇古怪的想法，给孩子多留一些可以由自己做主的地盘，让他们能够大胆地说出自己的想法。父母不妨和孩子一起逛逛博物馆、动物园或者科技馆，多听听孩子的想法。

只有和睦的家庭氛围、平等的生活方式，才能给孩子提供最好的思考环境。遇到事情和孩子一起探讨并尊重孩子的意见，这样，孩子才能没有任何拘束和压力，才能积极地思考，最终拥有创造的思维之光。

● 让孩子学会思考

父母要注意与孩子相处的方式，尤其是在交谈的时候要以商量的口气，与孩子一起讨论、协商，留给孩子一些独自思考的余地，鼓励他们大胆地说出自己的想法。当然，父母和孩子交谈时，也可根据谈话内容适当地发问，比如："你认为这两者之间有关系吗？""你觉得怎么做才能更好？""你这个想法不错，但有什么样的根据呢？"对于已经上学的孩子，父母可以采用启发式问话，引导着孩子逐步展开思考。

值得注意的是，当孩子在想问题的时候，父母不要太过心急，要给孩子留出充足的思考时间。如果孩子答错了，父母也不要责怪，可以给孩子一些提示，引导他们重新思考问题，直到想出正确答案为止。

● 不要直接告诉他答案

当孩子遇到某个问题时，家长不要直接告诉孩子解决问题的办法，而是应该间接地引导孩子去独自思考和体验，做出自己认为正确的选择。

● 提供工具是个好选择

当孩子正在寻求答案的时候，父母应该引导孩子借助工具书或者是相关资料。当然，父母也可以陪着孩子一起寻找资料，这样更加能够激发孩子学习的兴趣和欲望，培养孩子独立思考、独立解决问题的能力。

哈佛小语 ♡

　　哈佛教育专家认为，好奇心是每一个孩子的专利，这使他们会提出很多稀奇古怪的问题，而这个时候正是父母训练他们独立思考能力的最佳时机。针对孩子所提出的提问，父母可以教他一些常识，让其从日常生活中收集相关的资料，引导孩子慢慢思考，直到他自己找到正确答案为止。

爸 妈 私 房 话

权利与公民教育，让孩子更快融入社会

人们的幸福是需要权利去维护的。

——[法] 阿纳托尔·法朗士

⏱ 阅读时间：30分钟　　🎓 受益指数：★★★★★

教会孩子用权利维护自己

如果您的孩子因为性格温和、身形弱小，成为众多孩子欺负的"受气包"，面对一脸委屈的孩子，您要如何处理呢？小孩子打架是在所难免的事情，如果您的孩子正面临着一场"决斗"，您会怎么办呢？孩子的判断力还不成熟，经常吃亏却不自知，如果您发现这种事情，要怎样提醒他呢？

📖 故事的天空

6岁的桑迪是一个十分安静温和的小男孩。有一次在放学的路上，他被两个邻居家的孩子欺负了。虽然十分难过，但他并没有把这件事告诉别人，而是自己忍了下来。但是，这件事并没有因此而过去。自此以后，每次桑迪碰到这两个孩子，他们都会上前欺负桑迪一番。最后，这件事情被桑迪的妈妈知道了。

桑迪的妈妈说道："孩子，你心里一定很难过吧。"

桑迪委屈地说："妈

妈，我不明白，他们怎么喜欢欺负我呢？我不知道该怎么做。"

妈妈把桑迪拉了过来，语气坚定地对他说："我并不了解他们为什么会欺负你，但可以肯定的是，你并没有错！所以，桑迪，没有错的人不应该低着头流眼泪，你需要昂首挺胸地接受他们的道歉。"听到妈妈的建议，桑迪愣了一下，显露出期待却又有些犹豫的神色。

"不要怕，桑迪，如果你认为自己是对的，就有权利要求对方向你道歉，勇敢地去面对才能解决问题。"妈妈鼓励道。

桑迪听完妈妈的话，坚定地点了点头。几天之后，桑迪又全身脏兮兮地回到了家里，手掌还蹭破了皮。不过他显得很高兴，一回到家就大声向妈妈宣布："他们向我道歉了！"

妈妈看着颇为狼狈的儿子，并没有仔细询问，只是微笑地对他说："桑迪，我为你感到骄傲！"

桑迪的妈妈不明白那天下午到底发生了什么，不过她知道，从那之后，自己儿子的个性变得开朗了，遇到事情时也不再像以前那样犹豫了！

宋姐爱心课堂

桑迪的妈妈在儿子受到欺负之后，并没有替儿子出气，也没有让儿子忍气吞声，而是教育孩子要学会用权利来维护自己的尊严，这也使得原本内向的小桑迪变得开朗起来。

在现实生活中，面对孩子受欺负这件事情，家长通常采取两种方法：一种是家长本着"以和为贵""多一事不如少一事"的处世态度，只要孩子没有受到严重的伤害，安慰几句也就没什么事儿了；还有一种是家长在看到孩子被人欺负之后，会立刻出面为孩子讨公道，一定要让孩子扬眉吐气不可。

虽然这两种处理方式都可以平息事件，但是对孩子的品格发展却没起到帮助。在第一种方法的教育下，孩子只会变得越来越懦弱和敏感，甚至会出现自闭、抑郁等严重的心理问题；第二种解决方法看起来很是威风，但是家长却没从孩子的角度出发，有些孩子很可能会因为家长的这一举动而更加难堪，有的则可能会因为家长的这一举动，开始自以为是，以家长为靠山，到处招惹是非。

这两种方法之所以不能收到积极的效果，最主要的原因就是家长的出发点不妥。吃了亏、挨了打、受了欺负，解决问题的出发点并不是为了求和，那样只会无限度地助长对方的气焰；当然也不是为了要报复对方，那样只会导致双方好勇斗狠。解决问题的核心应该是"要维护自己的尊严和权利"。当孩子受到欺负或者欺骗的时候，即使对方没有恶意，也会在孩子的内心造成或多或少的伤害。这时，家长应该要给予孩子适当的引导，让孩子自己学着去维护自己的权益，维护自己的尊严，帮助孩子形成正直、坚强、理智的优秀品格。

哈佛支招DIY

孩子被人欺负，家长要向孩子灌输权利的意识，让孩子自己去解决问题。

●不卑不亢

所谓不卑不亢，是要告诉孩子不去招惹别人，但被别人欺负了也不要一味忍让。孩子还小，或许不懂进退，但遇到这种特殊情况，要有告诉家长、老师的勇气，这样才能更有效地解决问题。

●帮助孩子分析情况

正确的权利意识教育可以锻炼孩子解决问题的能力和人际交往的能力。在美国，如果孩子受到了别人的欺负，家长会鼓励他"面对现实，自己去解决"；如果孩子没有类似的经历，家长可以耐心地帮助孩子分析事情的严重性，这样孩子就会自觉认识到，当自己的权利受到损害的时候，要靠自己捍卫自己的权利。

●家长摆正姿态

面对孩子的纠纷，不管是老师还是家长，都不能站在"审判者"的角度来主持公道。最公平的处理方式就是"如果别人抢了你的东西，就要把原来属于你的东西要回来；如果别人侵犯了你的权利，就去捍卫你的权利"。事实上，通过这样的方式，孩子"捍卫"的不仅仅是有形的事物和权利，更是自己的尊严。心理学研究表明，捍卫权利的过程是一种自我心理保护的过程，一个人可以在成功解决此类问题之后变得更加自信。另外，孩子在独立处理这些事情的过程中，可以锻炼自己解决问题的能力和交往能力，这对他们走向社会十分有益。

哈佛小语 ♥

哈佛教育专家认为，权利意识教育的积极意义要远远超过狭隘的"不吃亏"的教育，它可以培养出勇于面对问题和责任、善于化干戈为玉帛的可信赖的独立个体。

道德不是从天上掉下来的。它是从日常的坚持不懈的斗争和锻炼中发展和巩固起来的，正如玉石越磨越亮，黄金越炼越纯一样。

——[越] 胡志明

🕐 阅读时间：25分钟　　🎓 受益指数：★★★★★

增强孩子的社会道德意识

　　良好的社会道德是成功道路上最稳的垫脚石。有些人因为没有良好的社会道德习惯而功败垂成，例如有的求职者在求职中其实是很有竞争力的，但是就因为他没有随手关门，或者是捡起脚下的垃圾，便让他失去了一次工作的机会。

🔴 故事的天空

　　美国的一位父亲带着可爱的小儿子去郊区参观牧场。他们在乘坐公交车的时候，买了两张车票。这时，售票员告诉父亲，孩子还小，不需要买票。

　　这位父亲说："这位小先生正好到了一米二，应该买。"

　　售票员听后一愣，对这位父亲的话很是惊讶，便问道："就算你说孩子没有一米二，我也会相信的，可是你为什么不那样做呢？没有必要浪费票钱啊！"

　　这位父亲看上去有些疑惑，他捏捏儿子的手，反问售票员："这怎么能算是浪费呢？我又为什么要说

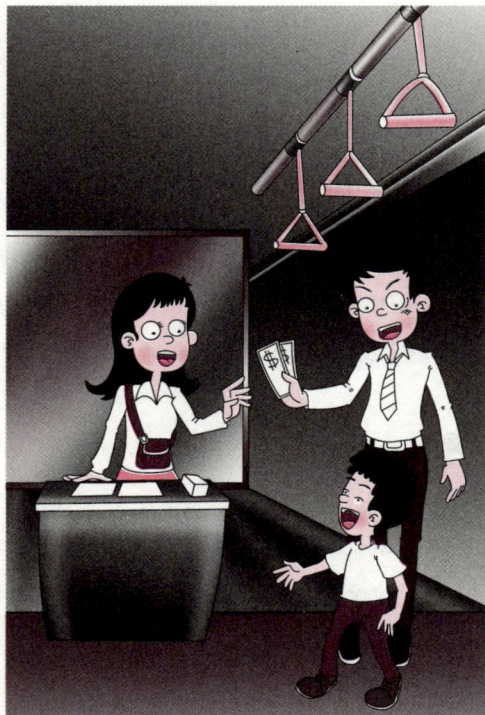

谎呢？"

"先生，我并不是这个意思，"售票员连忙解释道，"因为你的儿子看起来也就刚刚一米二，正好在买票与不买票之间。"

"虽然我会花费一些钱，但我必须要这样做，因为他的身高已经达到规定了。我若是不买票，或许你不会觉得怎么样，但肯定会伤害到我儿子的自尊心，甚至还让他学会了说谎。我的儿子的的确确已经一米二了，我和他都应该为此感到高兴，如果我真的隐瞒了这个事实，那么我这个父亲做得就很失败。"

说到这里，售票员恍然大悟，并称赞了这位父亲，小儿子也笑了起来。

宋姐爱心课堂

相信每一位父母都会赞同这位父亲的话。没有一位家长愿意让孩子因为不好的道德行为而影响了他以后的人生。所以，家长要以身作则，给孩子树立一个好的榜样，从小教育孩子要养成良好的道德习惯，不要因为贪图小利而贻误了孩子的品格教育。

孩子小时候的道德意识主要源自于对父母的模仿，所以父母要谨言慎行，为孩子做好榜样。

在美国的麦当劳或肯德基，人们在用餐后，会自己收拾桌子，然后把垃圾倒掉，餐盘也会放到指定的位置。

曾经有一项关于用餐后是否收拾餐盘的调查，有90%以上的孩子从来没有收拾过。其中，许多孩子不知道自己应该收餐盘；有一些孩子知道，但父母从来都不让他们自己收拾；也有孩子是看到周围的同龄人都不收拾，他自己收拾感觉"不好意思"，因此也就不收拾了。

由此看来，孩子们能不能养成良好的道德习惯，主要责任还是在于父母。父母没有良好的道德意识、不严格管理自己，那就是给孩子做了负面的榜样，不利于孩子良好道德意识的形成。所以，父母应该从小培养孩子良好的行为习惯，这不仅有利于孩子自身的发展，而且也有利于社会的发展。

哈佛支招DIY

家庭是孩子的第一所学校，父母不仅仅是孩子的启蒙老师，也是孩子的终身老师。社会道德的培养要从孩子内心和表面同时进行，不能只做表面工作。要让孩子知道应该做什么以及如何做，让良好的社会道德在孩子的心中生根。

●做孩子的榜样

榜样的力量是无穷的。社会上新鲜事物层出不穷，家长应该有意识地进行辨别，去除对孩子影响不好的事物，留下对孩子好的事物，让孩子从这些新鲜事物中领会社会道德。如果孩子没有家长的指导，也缺少良好的社会氛围的熏陶，就会形成一些不符合社会规范的行为。有些家长教孩子尊重父母，但他们自己却没有尽到赡养父母的职责和义务；有些家长教育孩子好好学习，天天向上，而他们却每日与扑克、麻将相伴等，这样的事例很多。"言传身教"需要家长实实在在地做，并不是嘴上说着一套，手上又做着另一套。

●增强孩子的道德意识

一草一木都是生命，不能随意践踏；每一粒米都是农民伯伯的辛苦劳动，不能任意糟蹋……对于孩子来说，家长就是最早的老师。所以想要增强孩子的道德意识，就要从身边的点点滴滴开始做起，时刻教育孩子、劝导孩子。

●做一些道德教育的亲子游戏

孩子喜欢做游戏，如果家长能够在游戏中教会孩子遵守道德，绝对会事半功倍。比如，教孩子识别回收垃圾箱与普通垃圾箱，和孩子玩乘客与售票员的游戏，都能在游戏中向孩子渗透公民教育。

●积极地回馈孩子

哈佛教育专家认为，在日常生活中，父母看到孩子好的表现要及时鼓励孩子，通过赞美、认同等正面回馈强化孩子的良好表现，给予孩子正能量和自信心。

哈佛小语 ♡

哈佛教育专家认为，一个人的行为举止最能体现他品格的优劣。家长要培养孩子良好的社会道德意识，就需要从生活中的细节开始关注孩子，看到孩子好的行为就要鼓励，及时纠正孩子不好的行为，从细节着手培养孩子良好的社会道德品格。

礼仪是凌驾于各种美德之上的，正是因为有了礼仪，才让这个美德有了功效，才让这个人得到他想亲近的人的好感与尊重。

——[英]约翰·洛克

🕐 阅读时间：25分钟　　　🎓 受益指数：★★★★

礼仪教育应该从小抓起

礼仪，虽然只是道德习惯中的一小部分，却也是人们品格构成中不可或缺的一部分。正是因为礼仪的存在，才会让孩子们显得更加可爱美丽，才会让孩子学会尊重他人，更好地把握人与人之间的关系，从而让人与人之间的交往变得更加和谐。礼仪教育是道德习惯教育中最基本的框架，是孩子们成长道路上的重要组成部分。所以，礼仪教育，必须从小抓起。

🧒 故事的天空

茱蒂今年5岁了，她可是一个名副其实的"小霸主"，每次去别人家的时候，她都会把喜欢的东西全部带走，并且不打一声招呼。有一次，表姐送了茱蒂一套关于礼仪的漫画书，以此当作她的生日礼物。

有一回，茱蒂来表姐家做客，看中了表姐的一个毛绒小玩具，很是喜欢，于是她拉着表姐的衣裙说道："姐姐，我可以玩一下吗？"表姐听了很是诧异，以前哪出现过这种情况，于是她故意对茱蒂说道："这个可不能给你玩，这个是

我最喜欢的玩具。"说完这句话，表姐认为茱蒂肯定又会耍无赖，将玩具要过去。

结果她没有想到，茱蒂说："对不起，姐姐，那我就不玩了。"然后就跑去一边看动画片了。表姐对茱蒂的改变很是惊讶，于是她跑过去询问茱蒂的妈妈："小姨，茱蒂今天怎么了，这可不是她平常的作风啊！"只见茱蒂的妈妈笑呵呵地说："哈哈，这还得多亏了你送的礼仪漫画书，她前两天还对我说'妈妈，我以前经常偷拿表姐的东西，是不是很可恶啊？以后如果没有征求表姐的同意，我再也不乱拿她的东西了。'而且还不光这样，现在她爸爸每天下班后，她便第一个跑过去为爸爸拿拖鞋，晚上还会给我捶捶背，转变可大了呢！"

表姐没有想到她送的漫画书竟然起到这么大的作用，于是为了奖励茱蒂的进步，表姐将自己心爱的毛绒玩具送给了茱蒂。

🙂 宋姐爱心课堂

看来，只要采取的方式得当，不管再调皮的孩子都能够接受礼仪教育，学会以礼待人。如果想让您的孩子成为像茱蒂一样懂事的宝贝，从现在开始，就赶快对他进行礼仪教育吧！

礼仪不仅仅是道德的映射，同时也会是心灵甚至是生命的回报。

给孩子讲解礼仪的重要性，是让孩子更快融入社会不可缺少的重要环节，家长们应该从日常生活中教孩子礼仪规范。碰到邻居的时候，要鼓励孩子微笑着打招呼；孩子需要他人帮助的时候，家长应该教会他运用"请"字；别人帮助完孩子之后，要告诉他应该说声"谢谢"，告诉他这是对人最起码的尊重；开门的时候要顾及身后的人；打喷嚏的时候要遮住嘴巴；不要在电影院大声喧哗；人多时应该要缓行……

正是因为生活中的这些点滴小事，才让人们的生活变得更加美好和愉悦，也正因为这些生活中的小细节，才让孩子更加受人尊敬和喜爱。

相反，如果我们在日常生活中，并没有注意这些小细节的教育，没有将这种最基本的礼貌告知孩子，那么他们在与人交际的过程中就不会得到真正意义上的成功。如果社会中的每一个人都不懂得教育后代关乎礼仪的问题，那么在这个社会中，人与人之间的关系会变得非常糟糕。所以，要注重用生活中的点滴对孩子进行礼仪教育，这是最直接也是最有效的方法。

哈佛支招DIY

儿童时期不仅是智力开发的重要阶段，也是培养孩子良好文明习惯的重要时期。关于具体的做法，我们不妨参考哈佛教育专家给出的建议。

● **让孩子懂得礼仪的重要性**

比奥斯先生是一名中学教师，他给同学们列举了很多缺乏礼仪的行为，非常善于教导学生们明白礼仪的重要性。事实证明，比奥斯先生的方法确实收到了很好的效果。这番教育之后，孩子们的行为举止都发生了明显变化。

由此可见，每一位学生都是"礼仪大师"，只是他们缺少一位名为"比奥斯"的老师！

● **以身作则，以礼待人**

父母在教育孩子的过程中，一般会将畏惧和尊敬混为一谈。孩子认为应当对大人尊敬，这主要因为他们害怕大人的训斥，这是畏惧，并不是尊敬。

对于家长来说，应该倾听孩子内心的想法，让孩子明白，你是愿意听他讲话的。只有你以礼相待，才会真正赢得孩子的尊敬。

● **教导孩子使用礼貌用语**

孩子在牙牙学语的时候，父母就应该有意识地教导孩子使用礼貌用语，比如说"请""谢谢"等。应让孩子明白，每个人所喜欢的是你礼貌的请求，而不是命令的语气。家长也要做好榜样，不管是在公共场合还是在家庭中，都要使用礼貌用语。在这种氛围的熏陶下，孩子自然也就学会使用礼貌用语了。

● **对孩子的礼貌给予适当的表扬**

当孩子做到使用礼貌用语的时候，家长应该给予适时的表扬，让孩子明白，他的这种做法是家长赞许的，是家长鼓励的一种行为。

哈佛小语 ♡

哈佛教育专家认为，礼仪不仅是一个人内在修养的体现，也是与人交往的能力的体现。作为家长，应该充分利用生活中的每次机会，去引领孩子，让礼仪教育渗透在生活中的每个角落里。

挫折，让孩子更好地成长

我们所关心的，并不是你是否受到了挫折，而是你在面对挫折的时候，是否会感觉无怨无悔。

——[美] 阿伯拉罕·林肯

🕐 阅读时间：<u>30</u>分钟　　🎓 受益指数：★★★★★

别怕孩子受挫折

挫折是每个人必有的经历，也是很珍贵的人生财富，孩子也不例外。作为父母，不要害怕孩子受到挫折。当孩子遭受挫折和困难的时候，要及时加以引导和教育，让孩子有承担挫折的勇气，在困难面前不逃避、不退缩，能够敢于直面生活中的艰辛和失败。

故事的天空

有一个小男孩，他曾经认为自己是世界上最不幸的孩子。他的腿因为脊髓炎瘫了，还有满嘴参差不齐的牙齿。他不喜欢和人交流，也不愿意和小伙伴们一起玩耍、做游戏。

有一年春天，小男孩的父亲买来了一些小树苗，他让家里的孩子每人种植一棵，并且允诺：谁的小树苗长得好，他就会送给谁一件梦寐以求的小礼物。

小男孩得到小树苗之后，浇了几次水，也就放弃了。因为他从心里认为，自己的小树苗最终也会死去的。

一段时间后，小男孩惊奇地发现，自己的小树苗不但没有枯萎，反而比其他兄弟们的树苗更有生机和活力。这就奇怪了，为什么被放弃的树苗却长得如此茁壮呢？

春天很快就过去了，茁壮成长的树苗换来了父亲的诺言，父亲给小男孩买了一件他最喜欢的礼物，并且对他说："从你种植的树苗来看，你一定会成为一名

全面解读哈佛大学智能教育经典

出色的植物学家。"

从那以后，小男孩渐渐乐观起来。

有一天晚上，小男孩睡不着觉，他想着去看看自己的那棵小树苗。当他走到院子里的时候，看到自己的父亲正在给自己的小树苗施肥。小男孩顿时心里明白了，并不是他的小树苗活得好，而是父亲一直替他照看着……

小男孩并没有上前打扰父亲，而是又蹑手蹑脚地返回房间，任凭眼泪肆意地流着。几十年过去了，虽然这位小男孩并没有成为植物学家，但是他却成了美国最伟大的总统之一，他就是富兰克林·罗斯福。

宋姐爱心课堂

孩子在成长的过程中，难免会遭受挫折和失败，不管是故事中小男孩的惨痛遭遇也好，还是平常的小挫折也罢，这是每一位父母都不愿意面对而又不得不面对的问题。对于孩子所受的挫折，父母应该给予正确对待，及时培养孩子乐观向上的精神，引导他们该如何面对挫折、如何走出困境。

如果你把孩子保护在自己的羽翼下，为他阻挡外界的伤害和失败，那么孩子就永远都学不会应对挫折的办法，永远无法承受外界的打击，哪怕这种打击的威力是极小的。所以，作为父母，应该给孩子一个体验挫折的机会，让他们及早地认识挫折，拥有承受挫折的能力。

而遭遇挫折和打击，实际上也是走入了人生的一个误区，在这种情况下，父母应该和孩子一起面对，一起想出解决的方法，给予他们思想上的引导，给他们一个适时的拥抱。如果父母在孩子遭受挫折的时候，不仅没有进行正确的疏导，反而对他们一味地打击嘲讽，那么这样不仅无法让孩子勇敢面对挫折，而且还不利于孩子的健康成长，甚至会让孩子的心理变得扭曲。

挫折给人们带来的心理打击是不可估量的，而孩子小时候面对挫折的心理会直接影响到他以后面对挫折的态度。所以，作为父母，应该及时对孩子进行挫折教育，为他们以后的人生奠定基础。

●面对挫折，父母应该及时引导和鼓励孩子

当孩子受到挫折的时候，父母应该用一颗宽容的心来对待，让孩子知道挫折只是暂时的，不能让它影响到心情。这样一来，孩子就有了面对挫折的勇气，有了承担挫折的能力。

我们都无法估量，孩子的成长路上会遭遇多少挫折，而我们为人父母所能做的就只有一次次地鼓励他们，让他们尽早走出挫折的阴影，然后通过自身的努力走向成功。

●用自身经历给孩子塑造榜样

在面对失败时，父母的态度对孩子的心理会造成很大的影响。父母应该以轻松的态度去面对生活中的跌宕起伏，这样在无形中也会影响孩子，给孩子树立好的榜样。在适当的时候，和孩子说说自己失败的事或者是一些小时候的尴尬事，这样就能让孩子从故事中得到启示：每个人都会遇到挫折和困难，虽然它会让人感觉不舒服，但是只要将它克服，那么就会给自己带来好的结果。

●让孩子正确理解失败

其实，大多数情况下，给予孩子最大打击的并不是失败本身，而是他自身对于失败的理解。所以，当孩子遭受挫折的时候，父母应该给予及时的疏导和教育，让孩子正确理解失败、面对失败，而不是把失败的因素全部归结到孩子自身，这样只会增强孩子内心的挫败感，不利于孩子的成长。

哈佛小语 ♡

哈佛教育专家认为，不要担心孩子受挫折，因为孩子自身抵抗挫折的能力要比我们想象得强很多。挫折并不是一件可怕的事情，只要父母加以正确的引导，让孩子正确理解挫折的含义，就能够引领孩子走向成功！

当一个人一次又一次承受巨大的不幸时，他的灵魂就会闪出耀眼的光芒来。这并不是因为他对不幸没有感觉，而是因为他是一个有着良好心理承受能力和高尚品格的人。

——[古希腊] 亚里士多德

🕐 阅读时间：25分钟　　🎓 受益指数：★★★★★

培养孩子的心理承受能力

良好的心理承受力，是后天培养和磨炼出来的，并不是与生俱来的。父母应该从小培养孩子的心理承受能力，让孩子自主去做某些事情，去体验失败和挫折，去经历打击和不幸。在这个过程中，孩子们的心理承受能力得到锻炼，才会有良好的心态去面对困难。

🧒 故事的天空

有一个5岁的小女孩在一次幼儿园知识抢答竞赛中落选了，她回到家之后，看着妈妈，眼泪哗哗地掉下来。

"妈妈，对不起，我很想把胜利作为礼物送给你，可是我落选了。"小女孩扑到妈妈的怀里。

"孩子，我知道你已经尽力了，没关系，坚强一点，你能够参加这场比赛，本身就是值得表扬的。失败了没有关系，妈妈还是为你感到骄傲！"

"可是妈妈，我依然很难过。你是知道的，为了这次比赛，我已经准备了两个月了，甚至放弃了和小伙伴们出游的机会……"小女孩情绪激动地说。

"孩子，不要沮丧，有失去就会有得到。在准备比赛、经历比赛的过程中，你已经收获了很多。不管最后的结果怎么样，我们都应该坦然去接受才对。"妈妈开导小女孩。

"可是妈妈，难道这次获奖的那个女孩就比我更加努力吗？"小女孩捏着衣角小声问道。

"亲爱的，努力只是成功的一方面，就如同你这次失败也是为了下次获胜做准备一样！"

"那妈妈，我以后还有赢的机会吗？"女孩问道。

"当然，只要你勇敢地面对失败，总结失败的教训，妈妈相信，你一定会收获好成绩的。"

"嗯，妈妈，我知道了。我会努力的。"女儿终于露出了笑容。

宋姐爱心课堂

孩子在受到挫折的时候，最需要的就是父母的鼓励。而故事中的妈妈则是采用了最为恰当的方法，保护了孩子的自信心，增强了孩子的心理承受能力。

其实在大多数父母的眼中，孩子的承受能力是非常有限的，稍微碰到不顺心的事情，就会在他们心里引起巨大的波动，甚至还会出现过激的行为。所以，父母都尽可能地为孩子创造各种有利的条件，让孩子避免失败、压力和一切挫折。比如，当孩子学了两天画画却被老师和同学说没天分的时候，许多家长为了不给孩子造成心理阴影，就选择带着孩子一起逃避。但若是这样，世界上怎么会有梵·高、毕加索？所以，家长的过分宠溺和保护其实正是造成孩子承受能力低的原因。

不失败就不能体会成功的喜悦，不摔倒就不能拥有再次站起来的信心。作为父母应该知道，未来是属于孩子的，孩子的路终归还是需要他们自己去走。在未来的几年、十几年、几十年中，孩子都要去创造属于他们自己的生活。

所以，在孩子还小的时候，父母就应该有意识地培养他们面对挫折时的心理承受能力，鼓励孩子积极面对遇到的困难和失败，帮助他们树立信心，让他们有足够

的承受力去面对未来的一切压力和失败。

🧒 哈佛支招DIY

挫折充斥在我们生活的方方面面，它伴随着我们的成长，伴随着我们人生路上的每一个脚印。所以，父母应该放手让孩子承受挫折，让孩子适应挫折的存在，培养孩子对于挫折的心理承受能力和抵抗力，这样，挫折也就不是什么大不了的事了。

●面对孩子的消极情绪，家长应该冷静对待

当孩子遭受挫折和失败的时候，有一些父母会小题大做，对孩子大加责备，这样一来，对孩子的心理成长是很不利的。孩子遭受挫折后，心理上就会产生消极情绪，如果父母不能及时给予引导的话，那么就会让孩子在困难面前一味地退缩，甚至还会出现破坏性行为。

所以，当碰到这种情况的时候，父母应该冷静对待，给孩子创造一个疏解消极情绪的环境，让孩子及时把内心的压抑发泄出来，这样就能够缓解他们的不良情绪。

●适时给孩子一些安慰

当孩子受到挫折、感到失落的时候，父母可以这样告诉孩子："如果我遇到你这种情况，我也会感到失落的。"让孩子明白，在挫折面前失落是很正常的时候，但是失落之后，父母要和孩子一起找到解决问题的方法。一般情况下，父母要引导孩子做他擅长的事情，让他心里明白，其实自己也是有能力掌握一些事情的，从而建立自信心，拥有面对挫折的勇气。

●给孩子建立一个可以倾诉的交往圈

孩子在遭受挫折时，或许不知道该如何和父母沟通，这时如果有一个可以供孩子倾诉的圈子，那么孩子的心理挫败感也能够得到一定程度的缓解，这也在一定程度上提高了孩子的心理承受能力。

●用科学的方法帮助孩子调整成长目标

孩子个人心理素质差也是产生挫折的一个因素。现在，很多家长给予孩子的期望过高，给孩子也带来了很重的心理压力。隔壁家的小孩会弹钢琴，父母就会送孩子去弹钢琴；听说画画前途好，父母就会不顾孩子的意愿，让他去学习画画等。结果却把孩子推进了一个个的挫折陷阱中，让孩子对外在的事物产生了很大的抵触感和挫败感，无法承受来自外界的压力和困难，有的甚至还会影响孩子的

一生。

所以，父母在教育孩子的时候，应该循序渐进，既考虑到孩子个人的承受能力，也要考虑到孩子的学习能力，让孩子在一个健康舒适的环境中成长。

哈佛小语 ♡

哈佛教育专家认为，父母应该从小培养孩子坚强、自信的人生态度，并有意识地培养孩子的心理承受能力，让孩子有勇气面对任何的失败和挫折，去解决人生中遇到的各种难题。

爸 妈 私 房 话

勇气，孩子成长路上必备的品质

如果你失去了财产，那么你只是失去了一点；如果你失去了荣誉，那么你就失去了很多；如果你失去了勇气，那么你就失去了全部。

——[德] 歌德

🕐 **阅读时间**：<u>30</u>分钟　　🎓 **受益指数**：★ ★ ★ ★

那是一个初春的早晨，风中还有几分寒意，但她却突然感觉自己的身体里涌动起一股暖流。老人对她笑了笑，说："只要努力，一只巴掌同样可以拍响。你一样能站起来的，请你相信自己！"

那天晚上，女孩让父亲帮她写了一张纸条，贴在墙上，上面是这样的一行字："一只巴掌也能拍响。"从那之后，她一反常态，开始配合医生做运动，不管多么艰难和痛苦，她都咬牙坚持着。有一点进步了，她又鼓足信心和勇气去争取更大的进步。甚至当父母不在时，她自己扔开支架，试着走路。蜕变的痛苦是牵扯到筋骨的，她坚持着，她相信自己能够像其他孩子一样行走、奔跑。

11岁时，她终于扔掉支架，再一次向另一个更高的目标努力着，她开始锻炼打篮球和参加田径运动。

1960年罗马奥运会女子100米跑决赛中，当她以11秒18的成绩第一个撞线后，掌声雷动，人们都站起来为她喝彩，齐声欢呼着这个美国黑人的名字：威尔玛·鲁道夫。

那一届奥运会上，威尔玛·鲁道夫成为当时世界上跑得最快的女人，她共摘取了3枚金牌，也是第一个黑人奥运女子百米跑冠军。

宋姐爱心课堂

其实，成功并不如人们想象的那样困难，只需要足够的勇气而已。小女孩正是受到了老人的启发，从而重新燃起了对生活的勇气，最后成为了世界冠军。

人贵有志。孔子说："三军可夺帅也，匹夫不可夺志也。""志"就是志向、梦想，人不能没有梦想，一个人一旦没有了梦想，那就是只会生存的人，而不是会生活的人。

孩子在实现自己梦想的征途中，不可能永远一帆风顺，多多少少总会有一些坎坷和挫折，既然如此，就要坚定自己心中的梦想，不要放弃。

有些小孩因为自身的缺陷，比如身高矮、体重胖等，受到伙伴们的讥讽，因而丧失了自信。渐渐地，他不敢在同龄人面前大声说话，不敢发表自己的意见，见到人时恨不得钻进地缝中，再也不出来。

这个时候，父母就应该让孩子明白，我们的出生是无法改变的，但是却可以通过自身的努力改变我们的命运。虽然我们长得矮小肥胖，但是我们健康乐观。就这样，让孩子逐渐了解到自己的优点，让孩子有勇气面对自己的缺陷和他人的议论了。一个人在世上立足的强大武器便是勇气。真正的勇者无论遇到什么样的困难和危险，都能够勇敢地去面对，也能够冷静地解决问题。

哈佛支招DIY

作为父母，应该从小培养孩子的勇气，让孩子了解事实的真相。如果父母希望孩子勇敢的面对生活、面对这个世界，那么父母就不应该给予孩子过多的保护。家长应该给予孩子面对困难的信心，鼓励他们要用自己的勇气去迎接困难、解决困难。哈佛教育专家给出了如下建议。

●父母不能万事包办，要让孩子自己去面对

勇气是面对所有困难的动力，胆小懦弱的人会受人鄙视，只有勇敢坚强的人才会得到人们的尊重。

所以，作为父母，应该督促孩子去做他们能够做、应该做的事情。你要知道，在逆境生存的孩子要比在温室长大的孩子，有着更多的面对困难和挫折的勇气，而逆境中的孩子承担挫折的能力也要比一般孩子强很多。自然而然，他也就会比其他孩子变得更加勇敢坚强。

●适时地给孩子一些鼓励

孩子承受生活压力的能力很差，作为父母，应该适时地给予他们鼓励。哪怕孩子只是完成了很小的事情，父母也要给予他们赞美和欣赏。

对于孩子身上的闪光点，父母也要充分地挖掘，多加鼓励孩子去应对外面的世界，让孩子更早地适应社会生活、适应新的环境。在此过程中，家长应该给予孩子勇气，让孩子知道，人只有拥有了勇气，才能完成自己想做的事情，才能打倒困难和挫折，才能够拥有成功的人生。

●任何时候都要告诉孩子还有希望

任何时候，家长、孩子都不要放弃希望，只要有勇气就有成功的可能，哪怕只剩下一只胳膊，也可以为生命喝彩。

哈佛小语 ♡

哈佛教育专家认为，勇气是培养出来的！孩子从小所接受到的教育就决定了他是否能成为一个勇敢的人。所以，父母在孩子成长的过程中，要积极引导孩子，挖掘孩子心中勇敢的一面，赶走孩子内心的懦弱。

爸 妈 私 房 话

世界上的成功之人并不是因为他比你会做，而是因为他比你敢做。

——[英] 弗朗西斯·培根

⏱ 阅读时间：**25**分钟　　🎓 受益指数：★★★★★

💬 鼓励孩子敢于尝试新事物

世界对于孩子来说，是未知而又神秘的。只有那些拥有探索精神的人，才能够真正了解这个世界的奥秘。探索能够帮助孩子学习新知识、发展各项能力、丰富孩子的精神世界、锻炼孩子的意志力、挖掘孩子的潜力。作为家长，我们应该鼓励孩子去发现和欣赏这个世界，尝试每一种新鲜的事物。

👦 故事的天空

罗斯福有一个5岁的儿子，他可是一个破坏大王，非常顽皮，除了睡觉，他可是一点儿也没有闲着。家里的电话、闹钟都被他整坏过，这让他的父母很是头疼。他的好奇心非常重，总是追着父母问个不停，如果罗斯福的回答不能令他满意的话，他会追着你，直到你给出他满意的答案为止。

有一天，儿子拿着《神奇的动物世界》来到罗斯福的房间，问道："爸爸，书上说老虎是由猫变成的，是这样吗？我怎么没有听过。"

罗斯福知道这本书上全部都是一些学者的假想和猜测，于是便说："倒是有这个说法，不过并没有证实。"

"既然这样，为什么世界上还会有猫呢？它们不喜欢做老虎吗？"

罗斯福反问道："那么你是怎么想的呢？"

"我认为，一些猫可能因为贪玩而误了变老虎的时机，贪玩可不是什么好事儿，是吧，爸爸？"

罗斯福高兴地说："儿子，你的答案应该很接近真相了，的确，贪玩可不是好事儿。"

"那爸爸怎么看呢？"

"有一些猫为了让生活过得更好，为了逮捕更加美味的食物，才变成了现在的老虎；而有一些猫则是喜欢安逸，对食物要求也不高，所以它们还是猫。"

"嗯，我觉得你的答案也是对的，要是我，我一定会变成老虎，多威风啊。"

"没错，只是动物的演变并不是为了证明自己多厉害，而是为了适应新环境罢了。"

"可是，有谁不愿意变强大呢？"

"要想强大就要付出很大的努力。所以如果环境适宜的话，又有谁愿意付出那样的辛苦呢。"

孩子对父亲的回答似乎很满意，他接着又问道："那么人和老虎相比，哪个更强大呢？人肯定不是老虎的对手吧？"

"如果人赤手空拳地和老虎打架，那人类当然不是老虎的对手。不过，人类是最聪明的动物，能够制造各种武器，这些武器可以帮助我们打败老虎。也正是因为人类这种超凡的智慧，才使得我们的社会变得文明起来。"

从那之后，对于儿子的每一个问题，罗斯福都会耐心地一一作答。当然，他知道孩子的问题往往很麻烦，但是他经常提醒自己和妻子，一定要有耐心去聆听、去帮助孩子解答各种疑惑。在孩子面前，他永远都是微笑的、有耐心的，因为他知道，其实小孩子的问题都不能小看，他们有时候需要和成年人一样被对待。

🙂 宋姐爱心课堂

孩子的求知欲是与生俱来的，对世界追根究底是他们的天性使然。不要再说你的时间不够用，因为你没有罗斯福忙；也不要说你的孩子太啰唆，你看罗斯福的儿子怎么样呢？只要你悉心呵护孩子的求知欲，鼓励孩子尝试新鲜事物，那么孩子必然就能够往好的方向发展。

作为父母，对于孩子的这些疑问一定要有足够的耐心去解答和讨论。虽然有时候，孩子的问题是比较幼稚可笑的，但这是他们看问题的角度，所以答案也就显得尤为珍贵。对于一些具体的知识，父母最好给予孩子详细的答案；对于争议性比较强的知识，那么父母也只能发表一下自己的看法，但是这并不代表可以敷衍过去，因为如果你的答案被孩子认同，那么他就会铭记于心。所以，不管回答什么样的问题，家长都应该认真对待，以免误导孩子。

如果孩子得不到满意的答案，那么他们就会自己试着去寻找答案，去尝试一些新事物。而在寻找的过程中，也有这样那样的危险存在，有可能会伤害到孩子自身安全。因此，很多家长都存在这种矛盾心理，他们既不想扼杀孩子的探索精神，但是又害怕孩子在探索过程中受到伤害。

不过，世界上的事情本就无法十全十美，父母应该综合考虑，权衡利弊，为孩子创造探索的条件，要以辅助者的身份站在孩子旁边，告诉孩子哪些事物是危险的，哪些事物是安全的。这样，把危险降到最低，让孩子自己去探索他所需要的真相。不过，父母也不能把危险夸大，这样一来只会打击孩子学习的积极性，让孩子渐渐失去了探索新事物的勇气和信心。

哈佛支招DIY

孩子的成长需要一个自由的环境，父母应该给孩子一个独立思考的空间，引领孩子去发现问题、探索问题，将个人尝试和讨论结合起来，让孩子具备科学家的探索精神；父母也应该鼓励孩子经常阅读，拓展知识面；还要让孩子和大自然多接触。那么，家长到底应该如何培养孩子的探索精神，让孩子试着尝试新鲜事物呢？

●探索的内容应该符合孩子的年龄、心理

孩子的脑袋就是"十万个为什么"的合集，他们有着很强的求知欲，他们喜欢模仿父母的行为，喜欢问你为什么。所以，在探索过程中，父母一定要注意孩子探索的内容应该符合孩子的年龄和理解能力，同时父母选取的内容应该有趣味性，让孩子在学习的过程中不感到乏味。

● 探索过程要符合规律

孩子的理解能力有限，所以父母在引领孩子认识新事物的时候，应该层层递进、由浅入深。比如，父母只有让孩子认识了植物的根、茎、叶等后，才能引导孩子了解植物的生理特征，进而认识到植物的生长规律。事物的本质并不能从外在看出来，而是需要父母一步步地引导孩子去认识事物的表象，从而认识到事物的内在本质。

● 父母应该诱导孩子尝试新事物

探索是一个长期的过程，这就需要父母以及老师及时地诱导和启发。在整个过程中，父母可以让孩子按照自己的计划去选择实施的方法、实施时间等，通过讨论、展览等方式让孩子汇报研究成果，进而激发孩子探索新事物的欲望，鼓励孩子去尝试新事物。

但是，在这个过程中，父母应该给孩子制定一些规则。比如，告诉孩子不能去危险地区、不能独自去河边钓鱼、不可采摘路边的鲜花等，以此来保障孩子的人身安全。

父母不能因为孩子年龄小，便对他的行为处处限制。其实，只要没有违反基本原则、没有对他人带来伤害，父母就应该鼓励孩子去尝试新事物，鼓励孩子做一些力所能及的事。如果父母将所有的事情都帮孩子打理好，这样就会让孩子失去基本的自理能力，造成很强的依赖心理，使得孩子变得胆小怯懦。

哈佛小语 ♥

哈佛教育专家认为，当孩子出现让人难以理解的行为时，也就意味着孩子已经具备思考的能力了，他在用自己的思维去尝试新事物。这个时候，父母不能打击孩子的探索精神，而是要鼓励孩子敢于尝试探索，让孩子认识新事物。

成为会教的家长

世界上没有教不好的孩子，只有不会教的家长。让中国的父母能够向哈佛取取育儿经，讨点育儿经验，让中国的孩子在高素质的教育之下长大成才，是我们一直以来的心愿，于是《全面解读哈佛大学智能教育经典》一书就应运而生了。我们怀着最赤诚的心，挑选了哈佛大学智能教育中最精华的部分编写成文字呈现给读者，希望父母们能够吸取精华，培养未来的精英。

当然，世界上没有任何一本书、任何一个人、任何机构的教育经验是放之四海而皆准的。应该说，只懂得机械地套用别人的经验的行为都是危险的。

我们要做的是激发孩子的潜能，而不是把他们复制成另一个自己。

不倚于人性，知识将会变得苍白无力。没有人性的孩子，只是一个学习机器。偏偏人性是不可见、不可触摸的，这就对我们家长提出了挑战。我们为人母、为人父，没有理由不反省自己，没有理由不完善自己，没有理由不提高自己。

多听、多看、多想、多学习是我们家长每天都要做的事。也许你感觉自己还没有长大，还没有成为一个家长的自觉，更没有经验，这些都不要紧。只要你有一颗爱孩子的心，只要你愿意去学，你就能成为一名合格的家长。只要对孩子有帮助，我们做父母的都应该多看看、多想想、多学习一下，最后形成客观的、科学的、理性的、整体的、对自家孩子有益的一些想法。

家长在学习育儿经验的时候，断章取义、顾此失彼的事例时有发生，这些错误的经验不仅对孩子无益，反而会对孩子造成压力。要知道孩子的一岁、两岁……是一去不复返的，因此家长们要吸取正确的育儿经验，要注意将成功的育儿经验与自家孩子的特点相结合，让孩子在快乐的氛围中健康成长，这才是最重要的。

希望每位家长都能找到适合自己与孩子的教育方法和技巧。

祝天下的父母能够如愿！